Reiner Engelmann

DER BUCHHALTER VON AUSCHWITZ

Die Schuld des Oskar Gröning

© Random House/Isabelle Grubert

DER AUTOR

Reiner Engelmann wurde 1952 in Völkenroth geboren. Nach dem Studium der Sozialpädagogik war er im Schuldienst tätig, wo er sich besonders in den Bereichen der Leseförderung, der Gewaltprävention und der Kinder- und Menschenrechtsbildung starkmachte. Nebenher veröffentlichte er Bücher, vorwiegend zu gesellschaftlichen Brennpunktthemen. Für Schulklassen und Erwachsene organisiert Reiner Engelmann regelmäßig Studienfahrten nach Auschwitz.

Von Reiner Engelmann ist bei cbj außerdem erschienen:
Anschlag von rechts (31224)
Der Fotograf von Auschwitz (31236)
»Alodia, du bist jetzt Alice!« Kinderraub und Zwangsadoption im Nationalsozialismus (23449)

Mehr über cbj auf Instagram unter
@hey_reader

Reiner Engelmann

DER BUCHHALTER VON AUSCHWITZ

Die Schuld
des Oskar Gröning

Dieses Buch ist auch als E-Book erhältlich.

Meinen Enkeln Paul, Lior und Leonid gewidmet

Verlagsgruppe Random House FSC® N001967

1. Auflage 2019
Erstmals als cbt Taschenbuch Oktober 2019

Lektorat: Uwe-Michael Gutzschhahn
Umschlaggestaltung: Geviert, Grafik & Typografie, unter Verwendung von Fotos von Picture Alliance / AP Photo; akg-images / Michael Teller
AW · Herstellung: LW
Satz und Reproduktion: Uhl + Massopust, Aalen
Druck: GGP Media GmbH, Pößneck
ISBN 978-3-570-31293-3
Printed in Germany

www.cbj-verlag.de

In Gedenken an die Opfer des Holocaust

Wir können die Shoa nicht verstehen.
Aber wir können und wir müssen verstehen,
woher es kommt,
wir müssen wachsam bleiben.
Wenn es schon unmöglich ist zu verstehen,
so ist doch das Wissen notwendig.
Denn das Bewusstsein kann wieder verführt
und verdunkelt werden:
auch das unsere.

PRIMO LEVI

Inhalt

Zweiter Teil – Die Ungarn-Aktion

Dritter Teil – Prozess und Urteil

Vorwort

Das Verfahren gegen den ehemaligen SS-Mann* Oskar Gröning war vermutlich einer der letzten großen Prozesse gegen Täter, die während der Nazi-Herrschaft in Auschwitz oder in anderen Konzentrationslagern ihren Dienst taten. Die meisten Täter leben nicht mehr, andere sind inzwischen sehr alt, und in jedem Einzelfall muss geprüft werden, ob der Betreffende aus gesundheitlichen Gründen überhaupt noch verhandlungsfähig ist.

Oskar Gröning hat sich, trotz seines hohen Alters von damals 93 Jahren und trotz gesundheitlicher Einschränkungen, gegen Ende seines Lebens noch einmal zu seiner Verantwortung bekannt und sich dem Gerichtsverfahren gestellt. Moralisch fühle er sich schuldig, betonte er sowohl während der Verhandlung als auch schon vorher in verschiedenen Interviews.

Genügt es jedoch, sich in Anbetracht des Vorwurfs der Beihilfe zum Mord in 300 000 Fällen nur moralisch schuldig zu fühlen? Beihilfe zum Mord ist ein strafrechtlicher Tatbestand und dafür gibt es, genau wie bei Mord, keine Verjährung.

Warum aber werden die Täter, wie zum Beispiel Oskar Gröning, erst im hohen Alter vor Gericht gestellt? Kann man diese Menschen nicht in Ruhe ihren Lebensabend verbringen lassen?

Diese Fragen tauchen häufig im Zusammenhang mit NS-Verfahren auf, und wenn man richtig hinhört, schwingt auch ein Vorwurf darin mit. Lasst sie doch in Ruhe – sie sind alt!

Auf die Fragen gibt es mehrere Antworten. Eine davon lautet: Es gibt auch heute noch viele Überlebende von Auschwitz. Auch sie sind alt. Menschen, deren Eltern, Geschwister, Verwandte oder Freunde in Auschwitz ermordet wurden, haben jahrzehntelang unter diesen Verlusten gelitten; jahrzehntelang hatten sie nachts Albträume; jahrzehntelang haben sie Tränen vergossen; jahrzehntelang konnten sie nicht zusehen, wie der kleine Bruder oder die jüngere Schwester erwachsen wurde. Die Geschwister blieben immer Kinder, weil sie in frühem Alter auf grausame Weise in Auschwitz ermordet wurden.

Éva Fahidi, die in diesem Buch vorgestellt wird, ist eine von vielen Zeitzeuginnen und Zeitzeugen, die Nebenkläger im Prozess gegen Oskar Gröning waren. Nicht nur für sie, sondern für alle Überlebenden war es von ganz großer Bedeutung, vor einem deutschen Gericht ihre Geschichte und die ihrer Familie erzählen zu können. Ihre Familienangehörigen werden sie dadurch nicht wieder zurückbekommen, doch sie haben ein Recht darauf, zu erleben, dass ein deutsches Gericht die Tötung von Menschen in Auschwitz als Verbrechen bezeichnet, unabhängig davon, welche Funktion die Täter im Konzentrationslager hatten.

Noch ein weiterer Punkt muss klargestellt werden. In unserem sprachlichen Alltag neigen wir gerne dazu, all jene, die in Konzentrationslagern eingesperrt waren, als Häftlinge zu bezeichnen. Der Begriff ›Häftling‹ impliziert jedoch, dass jemand eine Straftat begangen hat und deswegen inhaftiert ist.

Die Menschen, die in Auschwitz oder in anderen Lagern waren, sind aber keine Straftäter, sondern einfach Menschen, die entweder einer bestimmten Religion, einer Volksgruppe oder einer zu jener Zeit verfolgten Minderheit angehörten. Sie waren keine Verbrecher, sie waren Nachbarn, Kollegen, Vereinsmitglieder oder auch Freunde, an denen Unrecht begangen wurde. Es waren Verbrechen an unschuldigen Menschen.

Mit Oskar Gröning saßen gleichzeitig die deutsche Justiz und die deutsche Politik auf der Anklagebank. Jahrzehntelang haben Staatsanwaltschaften bei ihren Ermittlungen den Fokus ausschließlich darauf gerichtet, welche konkreten Taten ein SS-Mann zu einem bestimmten, nachweisbaren Zeitpunkt begangen hatte. In Anbetracht der Tatsache, dass die meisten Menschen in den Lagern ermordet wurden, gab es nur wenige Zeugen. Und die Angaben der Zeugen, die vernommen wurden, waren für eine Anklage oft zu unpräzise. Wie sollten sie auch genaue Angaben machen können? Sie hatten weder Kalender noch Uhren im Lager, um diese Verbrechen zeitlich genau zu fixieren. Hinzu kam die ständige Angst um das eigene Überleben.

Alles zusammen führte dazu, dass sich von den Tausenden Tätern nur ein sehr kleiner Teil vor Gericht verantworten musste, und zwar jene, denen man unmittelbare Tötungen entweder durch Zeugenaussagen oder andere Belege nachweisen konnte. Dieser Frage ist ein eigenes Kapitel im Buch gewidmet.

Mit einem Beschluss des Deutschen Bundestages aus dem Jahr 1960 verjährten alle Straftaten aus der NS-Zeit, soweit es sich nicht um Mord oder Totschlag handelte.

Auch auf Seiten der Politik bestand kein großes Interesse, Nazi-Verbrecher weiter zu verfolgen. Viele, die während der Diktatur zwischen 1933 und 1945 führende Funktionen hatten, besetzten auch in der Bundesrepublik Deutschland wieder entsprechende Positionen. Bundeskanzler Adenauer hatte erklärt, man brauche für den Aufbau des neuen Staates erfahrene Männer, die verantwortungsvolle Aufgaben übernehmen müssten. Erfahrungen hatten sie gesammelt – während der NS-Zeit. In der jungen Bundesrepublik wurden sie erneut Richter, Staatsanwälte, Politiker, Staatssekretäre. Doch auch auf anderen Ebenen wurden Menschen beschäftigt, die in der NS-Zeit Erfahrungen in ihren jeweiligen Berufen gemacht hatten. Konnten Lehrer in der jungen Bundesrepublik Deutschland ein ernsthaftes Interesse daran haben, die NS-Zeit kritisch zu beleuchten?

Es gibt noch eine weitere Antwort auf die Ausgangsfrage. Wie und in welcher Gesellschaft möchten wir heute leben? Wollen wir über das hinwegsehen, was Millionen von Menschen angetan wurde, oder brauchen wir so etwas wie eine Kultur der Erinnerung?

Die Verbrechen sind geschehen. Sie gehören zu unserer Vergangenheit, die wir zur Kenntnis nehmen und aus der wir unsere Konsequenzen ziehen müssen. Oftmals wird davon gesprochen, wir müssten unsere Vergangenheit bewältigen. Wie soll das gehen? Sie ist geschehen!

Bewältigen sollen und müssen wir die Gegenwart. Wenn wir die Erkenntnisse aus der Vergangenheit, gerade auch mit dem Blick auf die Opfer, zur Grundlage für die Gestaltung der Gegenwart und der Zukunft nehmen, dann können wir behaupten, aus der Geschichte gelernt zu haben.

So hat der Prozess gegen Oskar Gröning auch heute noch, viele Jahre nach den Verbrechen, einen Sinn. Er lenkt einmal mehr das öffentliche Interesse auf jene Zeit, in der die Verbrechen nicht in deutschem Namen, sondern von Deutschen selbst verübt wurden.

Reiner Engelmann

Prolog

1948 kehrte er nach Hause zurück. Das war nicht selbstverständlich. Nach Kriegsende geriet er in britische Gefangenschaft, wurde in England zur Arbeit verpflichtet. Dann tauchte dort sein Name zusammen mit dreihundert weiteren auf einer Liste von Kriegsverbrechern auf. Alles Männer, die in Auschwitz ihren Dienst getan hatten. Tötung in Gaskammern, Menschenversuche und Misshandlungen lauteten die Vorwürfe. Oskar Gröning wurde Mittäterschaft unterstellt.

Ein Londoner Gericht entschied jedoch, keine Anklage zu erheben. Man beobachte die positive Entwicklung in Deutschland und das sei vorrangig.

Er war davongekommen. Er hatte nicht nur die letzten Kriegsmonate an der Front überlebt, er kehrte auch als freier Mann nach Deutschland zurück. Es hätte genauso gut anders kommen können, denn:

1942 kam er nach Auschwitz, erfuhr dort schon in den ersten Stunden, dass es sich nicht um ein Arbeitslager handelte, wie er zunächst vermutet hatte, sondern dass hier zu Tausenden Menschen ermordet wurden. Er fühlte sich in der Rolle eines Unbeteiligten bei diesen Vernichtungsaktionen, denn er hatte ja eine ganz andere Aufgabe. Er war für das Geld verantwortlich, das man den Häftlingen weggenommen hatte. Selbst wenn er auf der Rampe Dienst tat, fühlte er sich für das

Schicksal der Ankommenden nicht zuständig, er musste nur ihr Gepäck bewachen.

Dass in Auschwitz Menschen starben, fand er normal. Deutschland sei im Krieg und im Krieg werde nun mal gestorben. So war seine Einstellung.

1944 begann die Ungarn-Aktion. In der Zeit von Mitte Mai bis Juli kamen täglich mehrere Züge mit jeweils bis zu viertausend Menschen auf der Rampe in Auschwitz an. So viele Transporte hatte er noch nicht erlebt. Die Einnahmen – Geld und Wertgegenstände der Opfer – waren in dieser Zeit überdimensional hoch. Er kam mit dem Zählen kaum nach. Dazu musste er auch noch Dienst auf der Rampe tun. An manchen Tagen arbeitete er rund um die Uhr.

Er wusste genau, was mit den Menschen passierte, deren Geld er zählte. Noch bevor er es in den Tresor gepackt hatte, waren sie bereits tot.

2015 stand er vor Gericht. Beihilfe zum Mord in 300 000 Fällen wurde ihm vorgeworfen. So viele Menschen wurden in den Frühjahrs- und Sommermonaten 1944 in den Gaskammern in Auschwitz ermordet. Juden aus Ungarn.

Jahrelang hatte er Auschwitz verdrängt und darüber geschwiegen. Als er Mitte der 1980er Jahre auf einen Auschwitz-Leugner traf, begann er zu reden. Auschwitz habe es gegeben, er sei dabei gewesen! Das bekannte er öffentlich.

Nun, gegen Ende seines Lebens, wollte er für sich offenbar noch etwas klären: die Frage seiner Schuld.

In diesem Prozess musste aber auch eine weitere Schuldfrage geklärt werden: Warum fand dieser Prozess erst zu einem so späten Zeitpunkt statt? Wo lagen Versäumnisse?

Der Prozess gegen Oskar Gröning hatte diese Fragen zu beantworten.

Erster Teil

Die Schuld des Oskar Gröning

Woran du selbst schuldig bist,
das schiebe nicht auf die Verhältnisse.

Marcus Porcius Cato (ca. 190 v. Chr.)

Zugfahrt nach Auschwitz I

Ende September 1942 fuhr der Zug in Berlin ab Richtung Süden. Die jungen SS-Männer unterhielten sich auf der langen Fahrt, lachten, sangen Lieder, schauten aus dem Fenster, sahen, wie die Landschaft an ihnen vorbeizog. Für sie eine unbekannte Landschaft. Nach außen hin ließen sie sich nichts anmerken, aber einige grübelten offensichtlich darüber, was sie erwarten würde. Die erste Station war Katowice, dort mussten sie umsteigen. Noch eine gute Stunde hatten sie vor sich. Ihr Ziel war Auschwitz.

Auschwitz – davon hatten sie bislang nichts gehört. Sie hatten keine Vorstellung davon, was sie an diesem Ort erwarten würde. Der Ort war ihnen unbekannt.

Einer der jungen SS-Männer war Oskar Gröning, einundzwanzig Jahre alt.

Oskar Gröning hatte sich aus innerer Überzeugung freiwillig zur Waffen-SS gemeldet. Schon immer hatte er die großgewachsenen Soldaten bewundert. In ihnen sah er die Zukunft des Landes. Er wollte dazugehören, auf der Überholspur sein, bei den Siegern, sich feiern lassen, wenn der Krieg gewonnen war. Davon hatte er sich jahrelang durch die Propaganda überzeugen lassen. Davon war er schließlich fest überzeugt. Er war adolftreu, wie er sich selbst bezeichnete.

Zunächst wurde er aber nicht an der Front eingesetzt. In der SS-Verwaltung bekam er eine Stelle als Lohnbuchhalter. Die

Arbeit gefiel ihm, füllte ihn aus, hier war er als gelernter Bankkaufmann an der richtigen Stelle. Obwohl er auch an der Front gekämpft hätte, wenn es ihm befohlen worden wäre. Aber in der SS-Verwaltung konnte er seine beruflichen Fähigkeiten mit seiner Position als Soldat gut verbinden und ausleben. Stolz marschierte er täglich in Uniform zum Dienst.

Ab September 1942 wurden jedoch von der SS-Leitung verstärkt kriegsversehrte Soldaten in der Verwaltung eingesetzt. Auch die Stelle von Oskar Gröning sollte neu besetzt werden. In dieser Zeit bekam er von einem Hauptsturmführer den Befehl, sich im SS-Wirtschafts- und Verwaltungshauptamt in Berlin zu melden. Dort habe man einen Sonderauftrag für ihn und andere SS-Männer.

Oskar Gröning und mit ihm 21 weitere SS-Männer fuhren, ausgestattet mit Marschgepäck, nach Berlin. Mehrere Stunden waren sie mit dem Zug unterwegs, bis sie ihr Ziel erreichten.

Vermutet hatten sie zunächst, sie würden an die Front verlegt, doch dazu passte die Fahrt nach Berlin nicht. Für einen Einsatz an der Front hätten sie sich an einer Sammelstelle einfinden müssen. Die Adresse war aber keine Sammelstelle für Soldaten, sondern ein Gebäude, in dem die SS Büros hatte.

Der Konferenzraum des Wirtschaftsbüros mit den holzvertäfelten Wänden, in dem sie sich einfinden mussten, beeindruckte die jungen Männer sehr. Sie mussten sich im Halbkreis aufstellen und harrten der Dinge, die auf sie zukommen würden.

Hochrangige Offiziere betraten den Raum. Ohne lange Vorreden wurden die jungen Männer an ihren Treueeid erinnert, den sie beim Eintritt in die SS hatten leisten müssen. Oskar

Gröning erinnerte sich gut daran. Er kannte den Treueeid, hätte ihn jederzeit aufsagen können. Schließlich hatte er ihn wieder und wieder geübt, jeder Satz musste sitzen, die Betonung stimmen.

»Ich schwöre Dir, Adolf Hitler, als Führer und Kanzler des Deutschen Reiches, Treue und Tapferkeit!

Ich gelobe Dir und den von Dir bestimmten Vorgesetzten Gehorsam bis in den Tod! So wahr mir Gott helfe!«

Sie erfuhren, dass sie mit einem Sonderauftrag betraut würden, der absolut vertraulich zu behandeln sei. Zu niemandem ein Wort – bis in den Tod, war die strikte Anweisung. Der Befehl lautete: »Mit Wirkung vom 25. September 1942 werden nachstehend aufgeführte SS-Angehörige zur Verwaltung ins Konzentrationslager Auschwitz versetzt.«

Einer der aufgeführten Namen war der von Oskar Gröning.

Ein Teil der Gruppe wurde also nach Auschwitz abkommandiert. Die übrigen kamen in andere Lager. Da die Verschwiegenheitsverpflichtung sofort Geltung hatte, erfuhr Oskar Gröning nicht, wohin man die weiteren Männer versetzte.

Weder Oskar Gröning noch die anderen Männer hatten eine Vorstellung davon, was auf sie zukommen würde. Fragend schauten sie sich an. Wo lag dieses Auschwitz? Was war das für ein Konzentrationslager, um das solche Geheimnisse gemacht wurden?

Der Auftrag, erfuhren sie weiter, sei mit gewissen Risiken und Schwierigkeiten verbunden, aber für das deutsche Volk, ja, für den Endsieg von hoher Bedeutung. Einzelheiten würden sie an ihrem Einsatzort erfahren. Mehr wurde ihnen an diesem Tag nicht mitgeteilt.

»Nun, meine Herren«, betonte einer der Offiziere, »können Sie beweisen, dass Sie es ernst meinen mit Ihrem abgelegten Gelöbnis und dem Motto auf Ihren Koppelschlössern: ›Meine Ehre heißt Treue‹.«

Damit ihnen die Bedeutung ihres Auftrags noch mal bewusst wurde, mussten sie einzeln vortreten und eine vorgefertigte Verschwiegenheitserklärung unterschreiben, in der sie erneut darauf hingewiesen wurden, dass sie weder mit Freunden noch Verwandten oder sonstigen Personen, die nicht zu ihrer Einheit gehörten, darüber reden durften.

Auch Oskar Gröning setzte seine Unterschrift unter den Text. Obwohl er nicht wusste, was auf ihn zukommen würde, erfüllte es ihn mit einem gewissen Stolz, eine so bedeutungsvolle Aufgabe zu bekommen.

Ohne dass er es ausdrücklich wusste, war er damit Teil der »Aktion Reinhard«* geworden.

Die zweiundzwanzig jungen SS-Männer wurden in kleinen Gruppen zu verschiedenen Bahnhöfen in Berlin gebracht. Die Züge fuhren in unterschiedliche Richtungen. Der mit Oskar Gröning in Richtung Katowice. Dort mussten sie umsteigen. Der Anschlusszug brachte sie dann nach Auschwitz.

Militärpolizisten holten sie vom Bahnhof ab und geleiteten sie zum Stammlager. Dort meldeten sie sich im zentralen Verwaltungsgebäude. Für die erste Nacht wurden ihnen provisorische Schlafstellen in SS-Baracken zugewiesen.

Noch am späten Abend lernten Oskar Gröning und die weiteren neu angekommenen Kameraden die ersten SS-Männer kennen, die dort ihren Dienst taten. Sie waren sehr höflich und zuvorkommend, gaben ihnen etwas zu essen, Brot, Speck, Ölsardinen, Rollmöpse. Gröning wunderte sich, dass die Verpflegung so üppig war, mitten im Krieg. Dazu gab es auch Rum und Wodka.

»Bedient euch!«, forderten die Kameraden Oskar Gröning und die anderen Neuen auf. »Esst, so viel ihr schafft!« Das ließen sie sich nicht zweimal sagen.

Nach dem Essen fingen sie an, miteinander zu reden. Oskar Gröning interessierte, was Auschwitz für ein Lager war. Von Arbeits- und Umerziehungslagern hatte er schon gehört und so vermutete er anfangs, bei Auschwitz könne es sich um ein ähnliches Lager handeln. Oder eines, in dem Verbrecher ihre Strafe verbüßten.

Noch bevor einer der alteingesessenen SS-Männer eine Antwort geben konnte, wurde die Tür aufgerissen.

»Ein neuer Transport!«, rief ein SS-Mann.

Einige verließen eilig den Raum. Gröning wollte wissen, was das zu bedeuten habe.

Einer der Männer erklärte ihm, dass gerade ein neuer Transport mit Juden eingetroffen sei, die nun im Lager aufgenommen würden, wenn sie denn Glück hätten.

»Was heißt das?« wollte Gröning wissen. »Wieso müssen sie Glück haben?«

»Das heißt«, wurde ihm erklärt, »die, die noch arbeiten können, werden tatsächlich im Lager aufgenommen. Das sind aber die wenigsten. Die meisten sind nach der langen Fahrt krank oder geschwächt oder zu alt oder zu jung. Und die, nun ja, die werden eben entsorgt.«

Was dieser letzte Satz bedeutete, sollte Oskar Gröning bald erfahren.

Der junge Oskar Gröning

Oskar Gröning war vier Jahre alt, als seine Mutter 1925 starb. Sein Vater, ein Textilfacharbeiter, der in Nienburg an der Weser ein Stoffgeschäft betrieb, war nun allein für die Erziehung von Oskar und seinem älteren Bruder Gerhard zuständig.

Disziplin, Gehorsam, Zucht – unter diesen Maßstäben wuchsen die beiden Jungen heran. Der Vater, ein streng konservativer und kaisertreuer Mann, war im ersten Weltkrieg verwundet worden. Frustriert über den in seinen Augen ungerechten Versailler Friedensvertrag* [* s. Glossar Seite 198–215], wurde er Mitglied in der Vereinigung »Stahlhelm«*. Die Organisation galt als bewaffneter Arm der »Deutschnationalen Volkspartei«*. Wo immer es möglich war, wandte sich Vater Gröning gegen jegliche demokratischen Bestrebungen. Der Aufbau einer Autokratie in Deutschland war eines der zentralen Ziele, die die Organisation anstrebte. In einer Hassbotschaft vom September 1929 wurde formuliert, dass das »geknechtete Vaterland« zu befreien sei, neuer Lebensraum im Osten müsse gewonnen und das deutsche Volk wieder wehrhaft gemacht werden. Die Hauptfeinde, die Sozialdemokratie sowie das Judentum, und jegliche demokratischen Weltanschauungen seien zu bekämpfen.

Ganz in diesem Sinne schimpfte Vater Gröning häufig nicht nur in der Familie, sondern auch außerhalb, besonders im Gasthaus, über den »Händlergeist des Judentums«.

Der Vater setzte so die ersten Wertmaßstäbe in Oskars und auch Gerhards jungem Leben.

Es gab noch einen zweiten Mann, zu dem Oskar aufblickte: der Großvater. Er hatte in einem Eliteregiment des Herzogtums Braunschweig gedient. Wann immer es möglich war, schaute sich Oskar die Fotos seines Großvaters an, wie er in Uniform auf einem Pferd saß und in eine Trompete blies.

So einer wie der Großvater wollte der junge Oskar auch einmal werden. Ein Soldat, hoch zu Ross, angesehen nicht nur in der Stadt, sondern im ganzen Land. Das war sein Traum.

Oskars Vater meldete seinen Sohn zu Beginn der 30er Jahre in der Jugendorganisation des Stahlhelm* an. Hier sollte er noch weiter für sein Leben gefestigt werden. Und Oskar ließ sich begeistern von der Uniform, die nun auch er tragen durfte, von der Musik, zu der sie marschierten, und von den Geländespielen.

Oskar Gröning war dabei, gehörte dazu, verinnerlichte schon früh nationales Gedankengut.

Wenn die Stahlhelm-Jugend in seiner Heimatstadt Aufmärsche machte, marschierte Oskar Gröning mit. In Uniform und in der ersten Reihe ging es im Gleichschritt hinter der Fahne her. Die Marschtrommel gab das Tempo vor.

»Wenn das Judenblut vom Messer spritzt, dann geht's nochmal so gut!« Das war eines der Lieder, die sie dabei sangen.

Oskar Gröning hatte über diesen Text nicht viel nachgedacht. Gedankenlos sangen er und auch alle anderen das Lied. Was war schon dabei?

Die Nachbarsfamilie der Grönings hatte eine Eisenwarenhandlung. Und – sie waren Juden. Oskar spielte oft mit

Änne, der Tochter. Meist waren sie draußen auf der Straße, warfen mit Murmeln oder vertrieben sich mit anderen Dingen die Zeit. Nachdem SS-Männer ein Schild mit der Aufschrift »Deutsche! Kauft nicht bei Juden!« an der Eisenwarenhandlung angebracht hatten, spielten die zwei nur noch im Hof.

HJ-Uniform. Im Hintergrund ein Plakat, mit dem für die Hitlerjugend geworben wurde

Hatte er an seine Nachbarin und Freundin Änne gedacht, als sie marschierend das Lied sangen? Nein, denn Oskar liebte Lieder, zu denen sie marschierten, und er sang immer inbrünstig mit. Die Texte hatten sie einfach nur gelernt, ohne sich weiter Gedanken über den Inhalt zu machen. Es waren ja Männer, zu denen sie aufschauten, die ihnen die Texte vermittelten. Was konnte daran also schlecht sein?

Nach der Machtergreifung Hitlers im Januar 1933 war es für Oskar Gröning selbstverständlich, dass er von der Stahlhelm-Jugend zur Hitlerjugend wechselte. Stolz zeigte er sich in seiner neuen Uniform.

Er wurde eingeführt in die Gedankenwelt der Nationalsozialisten. Auch hier hatte man das Judentum schnell zum Feind des Deutschen Reiches erklärt.

In *dem* »Lied der Hitlerjugend«, das zum Pflichtprogramm gehörte und in dem es u.a. heißt:

»Wir kennen keine Klassen,
nur Deutsche treu geschart,
der Weltfeind, den wir hassen,
ist nicht von deutscher Art.«

wurde einmal mehr Bekanntes aus der Familie und der Stahlhelm-Jugend bekräftigt.

Dass der »Weltfeind« das Judentum war, wurde auch an vielen anderen Stellen vermittelt. So zum Beispiel am 10. Mai 1933, dem Tag, an dem landesweit Bücher jüdischer oder anderer »entarteter«* Autoren verbrannt wurden. Oskar Gröning war mit Begeisterung dabei. Alles Fremde, das nicht zu deutschen Wertvorstellungen passte, sollte ausgemerzt werden. Damit hatte man den Jungen gegenüber die Bücherverbrennung begründet. Er verstand das alles noch nicht, aber gehorsam übergab er die Bücher den Flammen. Bücher, die er nicht kannte, geschweige denn gelesen hatte.

Wenn er schon mal ein Buch las, dann etwas, was ihnen in der HJ empfohlen wurde. »Wir sind die Jugend« war ein besonders wichtiges.

Was ihn begeisterte, war aber auch das Zusammensein mit anderen Jungen im gleichen Alter, wenn sie ein Wochenende im Zeltlager verbrachten, Geländespiele machten. Das alles gehörte für Oskar Gröning dazu, angefangen vom Aufbauen der Zelte, über das Brennholzsammeln fürs Lagerfeuer bis zum gemeinsamen Liedersingen abends.

Frei sein, unabhängig, nicht unter der Aufsicht der Erwachsenen, mit denen man tagtäglich zusammen war, das begeisterte nicht nur ihn, sondern alle, die in der Gruppe waren.

Auch die regelmäßigen Schießübungen faszinierten ihn und die anderen. Hier konnten sie schon mal auf den Volksfeind zielen.

Für den jungen Oskar Gröning war das eine herrliche Zeit. Alles passte zusammen. Die Vorstellungen in der Familie über die Zukunft Deutschlands stimmten mit denen in der Hitlerjugend überein.

»Und sie [die Volksfeinde, Anm. d. Autors] werden nicht mehr frei sein bis ans Ende ihres Lebens!«, so formulierte Adolf Hitler die Ziele, die er mit dem Auf- und Ausbau der Hitlerjugend verband.

Wenn Besuch bei Grönings war, schwärmte der Vater davon, dass die neue Regierung unter Adolf Hitler nur das Beste für Deutschland wolle, der wirtschaftliche Aufschwung sei bereits spürbar und die Arbeitslosen würden auch bald völlig von der Straße verschwinden. Sätze, die Oskar gefielen. Er war von den Überzeugungen des Vaters begeistert.

Weniger begeistert war Oskar Gröning dagegen von seinen eigenen Schulleistungen. Nicht nur seine Aktivitäten in der Hitlerjugend hielten ihn davon ab, mehr Zeit auf die Hausaufgaben zu verwenden, oftmals war es einfach die mangelnde Lust, sich um schulische Dinge zu kümmern. Trotzdem machte er noch eine ganz passable Mittlere Reife am Staatlichen Gymnasium in Nienburg.

Nach beendeter Schule begann er eine Lehre als Bankkaufmann bei der örtlichen Sparkasse. Wenige Monate später begann

Oskar Gröning als junger SS-Mann im Jahr 1942

der 2. Weltkrieg und ein Teil der männlichen Bankangestellten wurde zur Wehrmacht einberufen. So wurden Oskar wie auch anderen Lehrlingen Aufgaben übertragen, die sie sonst in ihrer Position noch nicht hätten erledigen dürfen, ging es dabei doch um sehr viel Verantwortung. Oskar musste für längere Zeit an der Kasse arbeiten, Geld auszahlen und einnehmen. Die Buchführung, die man ihm damit übertragen hatte, musste stimmen.

Oskar, aber auch andere junge Männer seines Alters waren begeistert über die schnellen Siege der Wehrmacht.

»Endlich werden die Polen mal so richtig verkloppt!«, freute er sich mit seinen Kameraden.

Auch Frankreich war schnell eingenommen. Radio- und Zeitungsmeldungen verfolgten die Jungen mit wachsendem Interesse. Wie gerne wären sie jetzt schon mit dabei gewesen, wie gerne hätten sie jetzt schon mitgekämpft, von einem Sieg zum nächsten, wie gerne hätten sie sich jetzt schon feiern lassen. Doch dafür waren sie noch zu jung.

In Oskar Gröning wuchs eine Idee. Er wollte nicht warten, bis er eines Tages vielleicht zur Wehrmacht eingezogen würde, um mit den tapferen Soldaten, wie er es empfand, an der Front zu kämpfen. Er wollte schon jetzt etwas tun. Jetzt, bevor es zu spät sein könnte.

Nachdem er 1939 bereits in die NSDAP eingetreten war, fand er, dass es nun, Mitte 1940, an der Zeit war, zwei weitere Schritte zu vollziehen.

Oskar Gröning wurde Mitglied in der Waffen-SS. Er wollte dabei sein in dieser zackigen Truppe, wie er es für sich empfand. Er wollte zu denen dazugehören, zu denen andere aufschauten. Seine größte Sorge war, er könne zu spät kommen.

In einem Hotel vor Ort, in dem man sich zur Waffen-SS melden konnte, stellte er sich vor. Er wurde sofort aufgenommen. Allein der Vater war von diesem Schritt nicht begeistert. »Du wirst noch sehen, was du davon hast!« Mehr sagte er nicht dazu.

Voller Stolz präsentierte sich Oskar Gröning in seiner neuen Uniform gemeinsam mit Tante Mariechen dem Fotografen. Oskar schaute auf diesem Foto voller Zuversicht in die Zukunft, allein Tante Mariechen schien skeptisch.

Oskar Gröning gehörte nun dazu. Er wollte Zahlmeister bei der SS werden. Die beorderte ihn zunächst zu den Besoldungsstellen des Wirtschafts- und Verwaltungshauptamtes nach Ellwangen, später nach Dachau. Insgesamt zwei Jahre war er an diesen Dienststellen als Buchhalter tätig.

Mit dem Eintritt in die Waffen-SS vollzog Oskar Gröning aber noch einen weiteren, für ihn wichtigen Schritt. Der Reichsführer der SS, Heinrich Himmler*, erwartete von den Mitgliedern der SS, dass sie aus der Kirche austraten. Linientreu, wie Oskar Gröning war, trat er aus der evangelischen Kirche aus.

Der erste Tag in Auschwitz

Nachdem Oskar Gröning und die anderen neu eingetroffenen SS-Männer ausgeschlafen und ausgiebig gefrühstückt hatten, mussten sie sich im zentralen Verwaltungsgebäude melden. Was würde auf sie zukommen? Welche Aufgaben würde man ihnen geben? Was hatte es mit dem großen Geheimnis auf sich? Diese Fragen begleiteten sie auf ihrem Weg.

Befragt wurden sie von mehreren hochrangigen SS-Führern nach ihrer Schulbildung, ihrem Beruf, ihren Fähigkeiten und Interessen.

Als Oskar Gröning seinen Werdegang kurz und knapp geschildert hatte, stand für einen der SS-Männer fest: »Den nehme ich mit! Der kann bei uns in der Gefangenen-Eigentums-Verwaltung arbeiten! Als Bankkaufmann wird er dort in der Häftlings-Geld-Verwaltung eingesetzt. Wir brauchen dringend jemand für die Devisen!« Dieser SS-Mann war Obersturmführer Theodor Krätzer*, der Leiter der Gefangenen-Eigentums-Verwaltung und, wie Oskar Gröning, in seinem zivilen Beruf Bankfachmann.

Für Oskar Gröning war das zunächst eine angenehme Vorstellung, konnte er so doch seine beruflichen Erfahrungen einbringen.

Die Häftlings-Geld-Verwaltung war eine kleine Abteilung. Etwa zehn Männer saßen dort an Tischen, zählten Geld, rollten Münzen in Papier, bündelten Scheine und hefteten sie mit

Büroklammern zusammen oder spannten einen Gummiring um die Bündel.

Oskar Gröning wurde in einem Büro mit eigenem Schreibtisch untergebracht. Alles, was er für seine Arbeit brauchte, fand er hier vor: Schreibgeräte, Listen, in denen er die Geldbeträge eintragen musste, ein Telefon, Stempel, Papier, in das die Geldmünzen eingerollt wurden, eine Rechenmaschine und in den Regalen an der Wand standen Aktenordner. Außerdem gab es einen Tresor und auf dem Boden standen Koffer, deren Zweck er noch nicht durchschaute. Erst später begriff er, was es mit diesen Koffern auf sich hatte: Sobald sie bis an den Rand mit Geld gefüllt waren, musste er mit ihnen nach Berlin fahren, um das Geld dort beim Wirtschafts- und Verwaltungshauptamt abzuliefern.

An seinem neuen Arbeitsplatz wurde ihm zunächst seine Aufgabe erklärt. Das Geld, das die Häftlinge mitbringen, hieß es, werde in einem Tresor seines Büros aufbewahrt. Dafür müsse er die Häftlingsnummer in eine Liste eintragen und dahinter den eingezahlten Betrag. Bei ihrer Entlassung würden sie ihr Geld zurückerhalten.

Doch bald erfuhr er, dass nicht alle Häftlinge eine Häftlingsnummer erhielten und selbst die mit einer Nummer hätten nur wenig Chancen, ihr Geld wiederzubekommen, weil die Bedingungen im Lager doch sehr hart seien und viele an körperlicher oder seelischer Entkräftung und Krankheiten sterben würden.

»Und was ist mit denen, die keine Nummer bekommen?«, wollte Oskar Gröning wissen.

Bis dahin war er davon ausgegangen, dass Auschwitz ein normales Konzentrationslager sei. Eines mit harten Bedingungen vielleicht, aber eben ein Konzentrationslager, wie es sie auch in Deutschland gab und von denen er gehört hatte. Dachau und die Außenstelle in Ellwangen hatte er ja schon kennengelernt. Zwar nur aus der Schreibstube heraus, aber immerhin. Den dort arbeitenden SS-Männern musste er ihren Lohn ausbezahlen. Er wusste, dass es sich um Konzentrationslager handelte, aber er hatte nie danach gefragt, was dort genau passierte. »Umerziehungs- und Arbeitslager«, hatte man ihm lapidar erklärt, ohne die Begriffe näher zu erläutern.

»Hat man dir das noch nicht gesagt?«, fragte sein Vorgesetzter kopfschüttelnd.

»Nein, bislang nicht«, antwortete Oskar Gröning, aber er hatte eine Ahnung. Am späten Abend nach seiner Ankunft war doch ein Transport eingetroffen und da hatte es unter den SS-Männern geheißen, ein Teil der Ankömmlinge müsse entsorgt werden.

Nun erfuhr er es ganz genau, dass bloß ein geringer Teil der Menschen, die ankamen, arbeitsfähig war. Männer, Frauen, Jugendliche, wenn sie einen kräftigen Körperbau hatten, der auf ein Alter von mindestens fünfzehn Jahren schließen ließ: Sie wurden im Lager aufgenommen und mussten sich der Aufnahmeprozedur unterziehen. Ihr mitgeführtes Gepäck sollten sie zurücklassen, sie würden es zu einem späteren Zeitpunkt bekommen. All das, was sie am Leib trugen, mussten sie in der »Sauna«* ablegen. Sie mussten duschen, alle Körperhaare wurden ihnen abrasiert, die Häftlingsnummer eintätowiert und schließlich wurden sie mit der gestreiften Häftlingskleidung, die nur selten passte, eingekleidet.

Alle anderen machten sich in langen Reihen auf ihren letzten Weg, von dem sie nicht ahnten, geschweige denn wussten, dass es ihr letzter sein würde. Dafür sorgten die SS-Bewacher. Sie würden, so erzählte man ihnen, nach dieser langen und beschwerlichen Zugfahrt zunächst duschen, danach würden ihnen die Unterkünfte zugewiesen. Auch sie würden zu einem späteren Zeitpunkt ihr Gepäck bekommen. Mit den bereitstehenden LKWs würde es zu ihren Unterkünften gebracht.

Alte, Kranke, Mütter mit Kindern und Säuglingen, Schwangere, alle trotteten sie, nachdem ihnen ein Arzt an der Rampe die Richtung gezeigt hatte, müde vor sich hin.

»Und was passiert mit denen?«, wollte Oskar Gröning jetzt ganz genau wissen.

Zunächst konnte er nicht glauben, was er hörte. Niemand von diesen vielen Menschen sollte den Abend des Tages noch erleben? Stimmte das wirklich? War Auschwitz der Ort, an dem das geschah, was die Propaganda nicht erst seit 1933, sondern auch schon in den Jahren davor, der Öffentlichkeit eintrichterte: dass das Judentum bekämpft werden müsse, weil es den Untergang Deutschlands bedeute. Die Juden seien bereits die Ursache für den Ersten Weltkrieg gewesen. Sie seien die Feinde Deutschlands, das hatte man Oskar Gröning von Kindesbeinen an vermittelt. Die Juden müssten vernichtet werden.

Nun war er mittendrin in der Umsetzung dieser Propaganda. Die Berechtigung von Auschwitz erklärte er sich so, dass Deutschland im Krieg sei und in Kriegen werde nun mal gestorben. Deutschland müsse an zwei Fronten kämpfen: einmal an der Front gegen den äußeren Feind, und eine zweite

Front gebe es im Inneren: die Juden. Ja, auch sie seien Feinde und müssten bekämpft werden. Zwischen diesen beiden Fronten machte Oskar Gröning keinen Unterschied. Er war überzeugt, dass in Auschwitz das Richtige geschah.

Im weiteren Verlauf des Tages wurde er noch tätowiert. Während die Häftlinge eine Häftlingsnummer bekamen, mit der sie ab diesem Zeitpunkt von den SS-Männern und Kapos* ausschließlich angesprochen wurden, bekamen die SS-Männer, die in Auschwitz bleiben sollten, ihre Blutgruppe eintätowiert. Auf der linken Innenseite des Oberarms wurde Oskar Gröning mit der Blutgruppe Null gekennzeichnet.

Dienst in Auschwitz

Oskar Gröning arrangierte sich schnell mit den Arbeitsbedingungen, die er in Auschwitz vorfand. Es war nicht so, dass er mit allem einverstanden war, was er im Umgang mit den Häftlingen beobachtete. Doch er empfand es als notwendig.

Den größten Teil seiner Arbeitszeit verbrachte er an seinem Schreibtisch, zählte die Devisen, die bei ihm abgeliefert wurden, und verbuchte sie in Listen, die er angelegt hatte. Er rechnete die Währungen in Reichsmark um. Diese Arbeit war ihm nicht fremd, er kannte sie von seiner Zeit in der Sparkasse.

Schnell hatte er erkannt, dass keiner der Häftlinge, von denen das Geld stammte, es je wieder zurückbekommen würde. Das Geld, das er verwaltete, gehörte ab sofort dem Deutschen Reich. So wurde es ihm gesagt. Und so sah er es bald auch selber. Es wurde seine feste Meinung, denn die Juden und die anderen Häftlinge in Auschwitz würden es nie mehr brauchen. Wofür? Sie waren ja entweder schon tot oder würden bald sterben.

Oskar Gröning staunte oft darüber, wie viele verschiedene Währungen über seinen Schreibtisch gingen. Es waren amerikanische Dollar, französische Franc, englische Pfund, italienische Lira, niederländische Gulden, polnische Zloty, griechische Drachmen, tschechische Kronen und sogar mexikanische Peseten. Die Scheine wurden gebündelt, die Münzen in Papier gerollt und alles zusammen in einem Tresor aufbewahrt.

Nach wenigen Wochen bekam er eine zusätzliche Aufgabe. Wenn neue Gefangenentransporte ankamen, musste er zum Dienst auf die Rampe nach Auschwitz-Birkenau. Seine Aufgabe bestand nicht darin, die ankommenden Menschen zu selektieren, zu entscheiden, wer noch arbeiten musste und wer noch am selben Tag in den Tod geschickt wurde. Diese Aufgabe übernahmen Ärzte.

Oskar Gröning hatte das Gefühl, dass die Menschen, die hier ankamen, völlig ahnungslos waren, was ihnen bevorstand. Von der langen Zugfahrt waren sie erschöpft und sie hatten auch Angst, denn sie waren umgeben von SS-Männern mit Ge-

Ankunft eines Transports in Auschwitz-Birkenau – der Güterwagen verfügt über keine Fußleiter, daher muss den alten und kranken Menschen geholfen werden. Auschwitz Album S. 107

wehren und Hundestaffeln. An Flucht konnte bei dieser Bewachung niemand denken. Sicher hätten die Männer dann von ihren Schusswaffen Gebrauch gemacht oder ihnen die Hunde hinterhergehetzt. Aber wohin hätten die Menschen auch fliehen sollen? Es gab keinen Ausweg.

Er war froh, dass er sich bei den Selektionen im Hintergrund halten konnte, er stand einfach nur dabei und schaute zu. Sah, wie Kinder ihren Eltern weggenommen, wie Ehepaare getrennt und wie ganze Familien auseinandergerissen wurden. Er hörte die Schreie der Eltern und das jämmerliche Weinen der Kinder.

Der persönliche Besitz, den die Juden mitgebracht haben, wird auf dem Boden in einer Ecke gesammelt. Auschwitz Album S. 106

Nein, für die Selektionen war er nicht zuständig, das übernahmen die Herren in Weiß, die mit einem Fingerzeig über Leben und Tod entschieden.

In Fünferreihen mussten die Menschen sich aufstellen und wurden, von Kapos und bewaffneten SS-Männern beaufsichtigt, ins Lager geführt.

Oskar Gröning erinnerte das, was auf der Rampe zurückblieb, an einen Jahrmarktsplatz. Es war ein riesiges Durcheinander. Neben den Gepäckstücken verteilte sich allerlei Unrat auf dem Boden, so empfand er das. Und alles musste schnell weggeräumt werden, bevor der nächste Transport eintraf. Das war wichtig, denn die neu ankommenden Menschen sollten nicht sehen, dass die anderen, die vor ihnen angekommen waren, hier ihr Gepäck zurückgelassen hatten. Alles sollte ordentlich aussehen. Ordentlich und sauber! Darauf wurde großer Wert gelegt.

Oskar Gröning war für die Bewachung der Gepäckstücke zuständig. Niemand, weder SS-Männer noch Kapos, sollten sich daran bereichern können.

Koffer, Taschen, Rucksäcke, eben alles Gepäck, das die Menschen aus ihrer Heimat mitgebracht hatten, wurde zu einem besonderen Bereich des Lagers gebracht, der von den Häftlingen »Kanada« genannt wurde. »Kanada« hießen diese Baracken, weil Kanada das Land ihrer Träume war, das Land, in dem sie gerne gelebt hätten. Kanada setzten die Häftlinge mit Freiheit gleich. Kanada, ein Land, in das sie sich sehnten. Kanada, ein reiches Land.

Mit Reichtümern ausgestattet waren auch die Kanada-Blocks in Auschwitz. Hier gab es alles, was Menschen brauchten. Alles, was sie mitgebracht hatten aus ihrer Heimat für das Leben in dem neuen Land, das man ihnen versprochen hatte, als sie abgeholt wurden. Denn sie wollten in ihrem neuen Leben ja auf nichts verzichten müssen. Aber das Land, das man ihnen versprochen hatte, war nicht Kanada. Es war das Gegenteil. Eine tödliche Falle.

In den Kanada-Blocks gab es Damenkleidung, Herrenkleidung, Kinderkleidung, Unterwäsche, Schuhe, Strümpfe, alles in verschiedensten Größen, Bettwäsche, Decken, Handtücher, Teppiche, Fotos, Spielsachen, Töpfe, Pfannen, Bürsten, Brillen, Geld, Gold, Schmuck, Medikamente, mit denen man eine Apotheke hätte ausstatten können, sowie verschiedene medizinische Geräte. Selbst die verschiedenartigsten Prothesen konnte man finden.

Häftlinge hatten die Aufgabe, all diese Dinge zu sortieren. Geld, das entweder lose in den Koffern lag oder in Kleidung eingenäht war, mussten sie in eine speziell dafür vorgesehene Holztruhe werfen, die im Deckel einen Schlitz hatte. Wie eine überdimensionale Spardose sah die Kiste aus. Alles Geld wurde zur Häftlings-Geld-Verwaltung gebracht und dort von Oskar Gröning und anderen SS-Männern gezählt.

Mehrmals im Jahr brachte er diese Einnahmen zum SS-Wirtschafts- und Verwaltungsamt nach Berlin. Die Häufigkeit der Reisen war von der Zahl der ankommenden Transporte abhängig. Die Fahrten nach Berlin waren ihm eine willkommene Abwechslung zu seinem Dienst im Lager.

Wenn Oskar Gröning Feierabend hatte, ging er durch das Lager zur SS-Kantine, um sich sein üppiges Abendessen zu holen. Sah er auf dem Weg die hungernden Häftlinge nicht oder wollte er sie nicht sehen? Gewöhnte er sich an den Anblick dieser abgemagerten Gestalten, Menschen, die nur noch Haut und Knochen waren, in Häftlingskleidung, die ihnen viel zu weit geworden war? Empfand er Mitleid mit ihnen, oder waren es für ihn einfach nur die Feinde, die es zu bekämpfen galt?

Er sah sie, aber »damit habe ich nichts zu tun«, redete er sich ein. »Ich arbeite nur im Büro, verwalte das Geld, alles andere betrifft mich nicht, fällt nicht in meine Zuständigkeit.«

Oskar Gröning saß mit seinen SS-Kameraden oft bis spät in die Nacht in der Unterkunft, sie spielten Karten, tranken Wodka, Rum oder Cognac. Offenbar hatte keiner von ihnen Skrupel, dort ein so ausgelassenes Leben zu führen, während rundum im Lager täglich Menschen ermordet wurden.

Nachts schliefen er und seine Kameraden auf weichen Matratzen, deckten sich mit Steppdecken in karierten Überzügen zu. Sie wussten, dass die Bettwäsche von Häftlingen aus deren Heimat mitgebracht worden war.

Die Geschichte mit dem Säugling

Es war ein kalter Tag Mitte November 1942. Oskar Gröning hatte Dienst an der Rampe in Birkenau. Wie immer sollte er darauf achten, dass sich niemand an dem Gepäck, das in Bergen dalag, bereicherte. Das war seine Aufgabe.

Als die neu angekommenen Häftlinge selektiert und weggeführt waren und Oskar Gröning nur noch mit einem Rottenführer* an der Rampe stand, hörten sie, wie ein Baby weinte. Bei genauem Hinschauen stellte Gröning fest, dass es eingewickelt in einer Decke lag. Wahrscheinlich hatte die Mutter es absichtlich zurückgelassen in der Hoffnung, jemand würde sich vielleicht um das Kind kümmern. Es war ja wirklich noch klein, erst wenige Monate alt. Sicher hatte die Mutter geahnt, dass sie nicht mehr lange leben würde. Das Kind aber sollte leben. Deswegen hatte sie es zurückgelassen. Das waren Oskar Grönings Vermutungen beim Anblick des Kindes.

Kaum war er mit seinen Gedanken zu Ende, sah er, wie der Rottenführer auf das Kind zuging, es an den Beinen packte und mit dem Kopf gegen die Stoßstange eines LKWs schlug, der dort stand, um das Gepäck anzutransportieren.

Oskar Gröning stockte der Atem. Er ging auf den Rottenführer zu und sagte: »Das geht doch nicht! Das kann man doch nicht machen!« Gröning war innerlich aufgebracht. Mit so einem Vorgehen hatte er nicht gerechnet. Aber durfte er auch in so einem Ton mit einem Rottenführer reden?

Der Rottenführer grinste nur und warf den toten Körper des Babys auf den LKW.

Am nächsten Tag bat Gröning um seine Versetzung.

»Sie haben eine Erklärung unterschrieben!«, brüllte ihn sein Vorgesetzter, SS-Hauptsturmführer Theodor Krätzer* an. »Ich weiß, manchmal geht es hier hart zu, aber das ist eben notwendig! Daran können und dürfen wir nichts ändern!«

Oskar Gröning wurde befohlen, wieder an seinen Arbeitsplatz zurückzukehren.

Von diesen Notwendigkeiten, die der SS-Hauptsturmführer angesprochen hatte, war Oskar Gröning fest überzeugt. Er war auch überzeugt, dass Kinder, ja, selbst Säuglinge von den Tötungen nicht ausgeschlossen werden durften. Sie seien zwar jetzt noch Kinder, hätten aber jüdisches Blut in den Adern, Feindblut, und aus Kindern würden ja schließlich einmal Erwachsene. In Aufruhr versetzte ihn nur, *wie* der Rottenführer das Baby umgebracht hatte. Hätte er seine Pistole genommen und es erschossen, wäre das für Gröning etwas ganz anderes gewesen.

Nicht der Mord als solcher wurde von ihm infrage gestellt, sondern nur die Art und Weise der Tötung des Babys.

Ein erträgliches Leben

»Auschwitz«, dachte Oskar Gröning, »Auschwitz ist wie eine kleine Stadt. Viele Menschen kennen sich, hier gibt es Klatsch und Tratsch wie in einem Dorf oder einer Kleinstadt.«

Für ihn und das gesamte SS-Personal gab es einen Laden, in dem er sich gelegentlich Knochen kaufte, um eine Suppe zu kochen, es gab auch ein Kino und ein Theater mit regelmäßigen Aufführungen. Es gab einen Sportverein, in dem er aktives Mitglied war. Er genoss die regelmäßigen Sportstunden an den Wochenenden. Die Wettkämpfe und Übungen fanden in der Nähe der Gaskammern und Krematorien statt.

Die Verpflegung war, wie er bereits am Tag seiner Ankunft mit Verwunderung festgestellt hatte, immer ausreichend. Dazu bekamen sie täglich Alkohol.

Der Alkohol spielt hier eine sehr große Rolle, dachte er. Oftmals holten die Männer ihre Tagesration gar nicht erst ab, da sie noch genügend Vorrat hatten.

Alkohol brauchten die meisten von ihnen jeden Tag. Darin ertränkten sie die Erfahrungen und Bilder, die sonst nicht zu ertragen waren. Niemand beschwerte sich, niemand lehnte sich auf. Am nächsten Tag versahen sie wieder ihren Dienst, gehorchten den Befehlen.

An manchen Abenden veranstalteten sie regelrechte Saufgelage. Wodka und Rum standen immer in Mengen zur Verfügung, gelegentlich hatten sie auch griechischen Ouzo oder italienischen Sambuca, der aus dem Gepäck der neu angekommenen Häftlinge stammte. Gröning saß ja an der Quelle, da ließ sich schon mal etwas organisieren. Getränkespezialitäten aus halb Europa? Für ihn kein Problem!

Sie tranken, spielten Karten oder Mensch-ärgere-dich-nicht, sie hörten Musik oder sangen Lieder, die sie aus ihrer Zeit bei der Hitlerjugend kannten, und wenn sie schließlich betrunken ins Bett fielen, vergaßen sie oft, das Licht auszuschalten. Aber das Licht musste aus sein, denn die Unterkunft befand sich in Partisanengebiet, also unmittelbar außerhalb des Lagers. Dort gab es keine Wachen.

Einer von ihnen nahm dann seine Pistole und schoss so lange auf die Glühbirne, bis er sie traf. Keiner der Vorgesetzten sagte etwas, wenn Löcher in der Decke waren.

Für Oskar Gröning spielten die Kameraden, mit denen er täglich zusammen war, eine besondere Rolle. Er schloss Freundschaften. Mit den Männern konnte er reden, mit ihnen teilte er seine Überzeugung, in Auschwitz alles richtig zu machen.

Nicht nur Oskar Gröning, auch die Männer, mit denen er zusammen die Unterkunft teilte, hatten offenbar keine Skrupel, zu feiern und Saufgelage abzuhalten, während um sie herum das Massenmorden an Männern, Frauen und Kindern stattfand. Häftlinge, die dazu eingeteilt waren, mussten ihnen das Essen auftischen. Und die SS-Leute ließen sich bedienen. Auf einen Fingerzeig musste das Gewünschte gebracht werden.

Einer der Gefangenen verglich die Feste mit Ganovengelagen. Die SS-Leute stopften alles in sich rein, soffen den Schnaps aus Wassergläsern, klopften sich auf die Schultern, machten Witze, lachten und mussten sich nicht selten irgendwann übergeben. Kein Problem. Sie hatten ja die Häftlinge, die alles wieder reinigten.

»Wenigstens das können diese Schweine«, sagte Paschke, ein Häftling, den die SS zum Aufseher ernannt hatte. »Sie fressen und saufen, was das Zeug hält, und im Lager sterben die Menschen an Hunger!« Darüber konnte er nur mit dem Kopf schütteln. Wie gerne hätte er es laut herausgebrüllt, aber das ging nicht. Dafür hätte man ihn sofort umgebracht.

Auschwitz – ja, hier konnte Oskar Gröning es aushalten. Tagsüber sortierte er das Geld nach den verschiedenen Währungen und zählte es, die Abende verbrachte er überwiegend mit seinen Kameraden und hin und wieder ging er ins Theater oder ins Kino.

Er hatte schnell gelernt, die Unannehmlichkeiten des Lagers entweder auszublenden oder erst gar nicht hinzusehen. Mit dem Hunger und dem Tod der Häftlinge hatte er ja nichts zu tun. Er, Oskar Gröning, war doch nur für das Geld verantwortlich. Und diese Aufgabe erfüllte er gewissenhaft.

Das Rote Haus

Es war eine kalte Nacht Mitte Dezember 1942, als Oskar Gröning zusammen mit anderen Kameraden von einer Trillerpfeife geweckt wurde. Er war nicht, wie gewohnt, im Stammlager, sondern verbrachte die Nacht in einer Baracke am Rande des Lagers Auschwitz-Birkenau.

Sie erfuhren, dass eine Gruppe von Juden, die in die Gaskammer geführt werden sollte, geflüchtet sei. Mit Pistolen bewaffnet, mussten sich Gröning und seine Kameraden auf die Suche machen. Das war die klare Anweisung ihres Vorgesetzten.

Oskar Gröning und seine Kameraden durchstreiften das ganze Gelände und den angrenzenden Wald, konnten aber niemanden finden. Nirgendwo entdeckten sie Spuren. Sollten die Häftlinge es tatsächlich geschafft haben, dem sicheren Tod zu entgehen? Nur ganz wenigen war das bisher gelungen und die, die man wieder gefasst hatte, wurden in der Regel sofort hingerichtet. Ohne Prozess erschossen. Oder vor den Augen aller beim Morgen- oder Abendappell erhängt. Das war üblich.

Gröning und die anderen Männer aus dem Suchtrupp machten sich wieder auf den Rückweg. Dabei näherten sie sich dem Vernichtungsbereich, auf dem das Rote Haus stand. Oskar Gröning hatte es bislang noch nicht gesehen, es war nicht der Ort, an dem er arbeitete. Überhaupt, dieser ganze Lagerbereich war ihm fremd. Bis hierher war er noch nie gekommen.

Das Rote Haus war ein ehemaliges Bauernhaus, dessen polnischen Besitzer man enteignet und vertrieben hatte. Anfang 1942 wurde es zur Gaskammer umgebaut. Die Fenster wurden zugemauert, die Türen verstärkt und abgedichtet und in Kopfhöhe der Außenwände befanden sich Öffnungen, durch die das Zyklon B ins Innere des Hauses geworfen wurde. Über der Eingangstür hing ein Schild. »Zum Bad« war darauf in deutscher Schrift zu lesen.

Zwei Räume umfasste dieses Haus, zwei Räume, in denen zeitgleich bis zu achthundert Menschen umgebracht werden konnten. Den Todgeweihten erzählte man vorher, sie würden zum Duschen geführt. Dafür mussten sie sich vor dem Haus nackt ausziehen. Doch die Menschen bekamen Angst, als sie merkten, dass es in den kleinen Räumen viel zu eng war, sie fingen an zu schreien und drängten wieder nach draußen. Die SS-Männer, von denen sie bewacht wurden, schlugen mit Knüppeln auf sie ein, pferchten sie zusammen und verschlossen die Tür. Ein Entkommen war nicht mehr möglich.

In jener Nacht, als Oskar Gröning und seine Kameraden die Suche nach den geflohenen Juden erfolglos beendet hatten und an dem Roten Haus vorbeikamen, erkannten sie schon aus einiger Entfernung, dass vor dem Haus Tote lagen. Wahrscheinlich die Geflohenen, vermutete Gröning. Also hatte man sie doch aufgespürt und sofort erschossen.

Sie näherten sich dem Haus und beobachteten, wie Menschen ganz unterschiedlichen Alters in das Haus getrieben wurden. Alle waren nackt. Niemand ging freiwillig hinein. Die Leute wurden von den Knüppeln der SS-Wachen regelrecht hineingeprügelt. Oskar Gröning wie auch die anderen Männer aus dem Suchtrupp hörten das Geschrei der Menschen, das auch nicht aufhörte, als alle im Haus waren. Die Türen wurden von außen verriegelt.

Als Nächstes beobachtete Gröning, wie ein SS-Mann eine Gasmaske aufsetzte. Dann nahm er eine Dose und leerte sie in der Öffnung der Außenwand.

Was ging dort vor? So etwas hatte Gröning bisher noch nicht gesehen. Die Schreie im Haus wurden lauter, hundertfache Hilfeschreie der Eingeschlossenen. Gröning hatte eine Ahnung, was dort drinnen geschah. Jetzt sah er es zum ersten

Leichenverbrennungen in Auschwitz-Birkenau auf offenem Feld

Mal. Allmählich wurden die Schreie leiser, bis sie ganz verstummt waren. Einer der SS-Männer ging auf die Tür zu und schaute durch ein Guckloch.

»Der prüft, ob alles in Ordnung ist«, erfuhr Gröning von einem Kameraden. Offenbar kannte der, was hier vor sich ging.

Oskar Gröning schaute ihn mit fragendem Blick an.

»Na, der prüft, ob sich da drin noch was rührt oder ob alle tot sind«, wurde er belehrt.

Noch in derselben Nacht erlebte Gröning, wie auf offenem Feld Leichen verbrannt wurden. Menschen, die man kurz zuvor vergast hatte, wurden auf dem etwa siebzig Meter entfernt liegenden Verbrennungsplatz den Flammen übergeben. Kapos verrichteten diese Tätigkeit. Doch bevor das Feuer die Körper vernichtete, wurde bei den Toten das Zahngold entfernt, sofern sie welches hatten.

Die Kapos machten sich lustig, dass beim Verbrennungsprozess offenbar Gase in den Lungen der Toten entstanden und sie sich dadurch aufbäumten, als würden sie sich ein letztes Mal gegen das Unabänderliche zur Wehr setzen.

Oskar Gröning war erschüttert von dem, was er am Roten Haus mitbekommen und auf dem Verbrennungsplatz gesehen hatte. In dieser Nacht brauchte er einige Gläser Schnaps, um die Bilder zu verdrängen, die ihn auch später noch in seinen Träumen verfolgen sollten.

Am folgenden Tag stellte er erneut einen Versetzungsantrag. Innerlich war er in Aufruhr. Er wollte mit all dem nichts mehr zu tun haben. Würde er sich mit seinem Gesuch durchsetzen können? Würde er Argumente seiner Vorgesetzten entkräften können? Würde er für sich Klarheit schaffen können? Wie, mit welchen Worten könnte er seine Versetzung begründen, damit sie angenommen wurde? Fragen über Fragen, die ihm nachts durch den Kopf gingen.

Er vertraute sich einem SS-Unterscharführer an. Der Mann war ein ruhiger Typ, ein Österreicher, dem Dialekt nach zu urteilen. Er ließ ihn ausreden, hörte sich alles geduldig an, ab und zu nickte er zu dem, was Gröning vorbrachte.

Dann schaute ihn der Unterscharführer an und antwortete mit ruhiger Stimme: »Mein lieber Gröning, was wollen Sie dagegen unternehmen? Wir sitzen alle im selben Boot. Wir haben uns verpflichtet, das zu akzeptieren – nicht einmal drüber nachzudenken.«

Kurzes Schweigen. Dann nickte Oskar Gröning, stand auf und machte sich wieder an seine Arbeit.

Der Dollarkönig

Oskar Gröning brauchte, wenn er zum Dienst ging, eine Pistole. Das war Vorschrift. Dazu musste er jeden Morgen in die einen Kilometer entfernte Waffenkammer, um sich eine abzuholen, und sie abends wieder dorthin zurückbringen. Eines Tages war er es leid, den Weg jeden Tag zweimal zurückzulegen. Er beschloss, sich eine eigene Pistole zu besorgen.

Oskar Gröning, im Lager auch als Dollarkönig bekannt, weil er täglich eine große Menge Geld, besonders auch amerikanische Dollar, zählen und bündeln musste, sprach einen Schwarzhändler an, der entsprechende Beziehungen hatte.

»Munition muss auch dabei sein!« Darauf bestand Gröning. Über den Preis wurde man sich schnell einig.

»Du hast doch Dollar bei dir in der Geldverwaltung. Dreißig Dollar sollte sie dir wert sein, und ich besorge dir eine. Mit Munition!«

Für Oskar Gröning war es fast ein Kinderspiel, die Summe von den täglichen Einnahmen abzuzweigen. Niemand würde etwas merken, er war es ja, der über die Gelder Buch führte. Die dreißig Dollar würden eben nicht in einer Liste auftauchen. So einfach war das.

Wenige Tage später fand die Übergabe statt. Dreißig Dollar gegen eine Pistole mit Munition.

Natürlich wusste Oskar Gröning, dass der Handel illegal war. Die Versuchung, sich nicht nur an dem Geld, sondern auch an anderen Dingen zu bereichern, war aber groß. Und Gröning langte zu und stahl Devisen, die man den Deportierten abgenommen hatte, um mit dem Geld auf dem gut florierenden Schwarzmarkt in Auschwitz einkaufen zu können. Mit den gestohlenen ausländischen Scheinen und anderen Gütern ließ es sich in Auschwitz sehr gut leben.

Hunderte illegale Geschäfte wurden Tag für Tag in Auschwitz abgewickelt. Eine wirkliche Kontrolle, wer wann etwas von dem wegnahm, was die Häftlinge mitgebracht hatten, war kaum möglich. Außerdem waren es nicht einzelne SS-Männer, die sich in den Kanada-Baracken bedienten, in die Korruption waren so gut wie alle Dienstgrade verwickelt. Eine Häftlingsfrau, die in den Kanada-Blocks arbeiten musste, stellte fest, dass der Ort für die SS-Männer eine wahre Goldmine war. Niemand kontrollierte hier. Jeder nahm sich das Recht, sich zu bedienen, und wenn die ausgesuchten Dinge nicht für den Eigenbedarf oder die Ehefrau, die Verlobte, die Freundin oder die Familie vorgesehen waren, dann wurde im Lager mit ihnen Handel getrieben.

Selbstverständlich war es verboten, sich an dem Geld oder den Wertsachen zu bereichern. Heinrich Himmler hatte in seiner Rede in Posen am 4. Oktober 1943 ausdrücklich darauf hingewiesen.

»Die Reichtümer, die sie hatten«, führte er aus, »die haben wir ihnen abgenommen.« Sie sollten restlos an das Deutsche Reich abgeführt werden. Und weiter sagte er: »Wir wollen nicht am Schluss, weil wir einen Bazillus ausrotten, an dem Bazillus krank werden und sterben. Ich werde niemals zusehen, dass hier auch nur eine kleine Fäulnisstelle entsteht oder sich festsetzt. Wo sie sich bilden sollte, werden wir sie gemeinsam ausrotten.« Wer gegen diesen Befehl verstoße, werde gnadenlos mit dem Tode bestraft.

Die Lagerleitung von Auschwitz vertrat nach außen hin die gleiche Meinung wie Himmler, allein die Realität sah anders aus. Weder die Gefangenen noch die SS konnten den täglichen Versuchungen widerstehen, sich aus den ungezählten Sachen etwas zu nehmen, was man entweder dringend benötigte oder einfach nur gerne besessen hätte.

Die Taten wurden jedoch zumeist nicht verfolgt, weil man den SS-Angehörigen stillschweigend einen Teil der Beute zustand, um die Moral in der Truppe aufrechtzuerhalten.

Dass das Gepäck auf der Rampe bewacht wurde, hatte nur einen Hintergrund. Es sollte vermieden werden, dass Gepäckstücke vor den Augen der Deportierten geöffnet und geplündert wurden.

Im Herbst 1943 kam der SS-Richter Konrad Morgen* nach Auschwitz. Er sollte prüfen, was an den Gerüchten dran sei, dass SS-Männer in Auschwitz den Staat bestahlen. Als er das Ausmaß der Korruption feststellte, war er entsetzt. Devisen, Schmuck, Wertgegenstände in großen Mengen fand er bei etlichen der SS-Männer. Doch nur an wenigen wurde ein Exempel statuiert, indem sie hingerichtet wurden.

Auch Oskar Gröning wurde einmal von Morgen kontrolliert. Eines Tages – er kam gerade aus Berlin zurück, wo er Geld beim SS-Verwaltungs- und Wirtschaftshauptamt abgeliefert hatte –, fand er seinen Spind versiegelt vor. Von seinen Kameraden erfuhr er, dass Morgen eine Kontrolle durchgeführt habe. Zwei Kameraden seien bereits verhaftet worden.

Bei ihnen habe er jede Menge Diebesgut gefunden. Einer von ihnen hatte sich kurze Zeit später in der Zelle erhängt, erfuhr Gröning. Natürlich hatte auch Oskar Gröning Dinge in seinem Spind, die dort nicht sein durften. Seife und Zahncreme, Fischkonserven, einen Füller. Doch als Verwalter der Reichtümer wollte er natürlich ein Vorbild sein. Nichts sollte bei ihm gefunden werden.

Er überlegte, was er tun könnte. Kurz entschlossen zog er den Spind ein Stück von der Wand, löste die Rückseite, nahm alles, was nicht hineingehörte, heraus, nagelte die Rückwand wieder fest und schob den Schrank an seinen ursprünglichen Platz zurück.

Danach machte er sich auf den Weg zur Lagerverwaltung, traf Konrad Morgen an und fragte ihn in leicht empörtem Tonfall nach dem Grund, warum sein Spind versiegelt sei.

»Kontrolle«, sagte Morgen, »wir haben eine Kontrolle durchgeführt. Wir wollten aber den Spind nicht in Ihrer Abwesenheit öffnen.«

»Ich müsste jetzt aber mal meinen Spind öffnen, mir etwas Frisches herausholen«, sagte Gröning selbstbewusst.

Morgen ging zusammen mit Gröning zur Unterkunft und entfernte das Siegel. Gröning öffnete die Tür, Morgen warf einen Blick hinein, klopfte ihm auf die Schulter und sagte: »Nichts für ungut, alles in Ordnung!«

Aber Konrad Morgen untersuchte nicht nur Korruptionsvorfälle, zu seiner Aufgabe gehörte es auch, sexuelle Übergriffe aufzudecken. Viele SS-Männer, selbst der Lagerleiter Rudolf Höss*, wurden beschuldigt, sich an Häftlingsfrauen vergangen oder aber ein Verhältnis mit ihnen zu haben. Letztendlich konnten Morgens Verdächtigungen aber nie abschließend geklärt werden, da alle Beweise, etwa Aussagen von Zeugen, die er dokumentiert hatte, durch einen Brand vernichtet wurden.

Kanada

Kanada – das war das aus mehreren Baracken bestehende Effektenlager* nordwestlich des Stammlagers Auschwitz, genannt Kanada I. Hier wurde all das gesammelt, sortiert und registriert, was die Deportierten aus ihren Heimatländern mitgebracht hatten. Das Kanada-Lager stand unter der Aufsicht der Häftlings-Eigentums-Verwaltung und der Häftlings-Geld-Verwaltung, in der Oskar Gröning arbeitete. Dort waren zeitweise bis zu 1 600 Häftlinge beschäftigt, die mitgeführten Sachen der Deportierten zu sortieren. Da die räumlichen Kapazitäten im Lager bald nicht mehr ausreichten, wurde ein weiteres Effektenlager in Auschwitz-Birkenau eingerichtet, Kanada II. Es bestand aus dreißig Magazinbaracken.

Auf folgende Weise wurden diese Lager mit den von den Deportierten mitgeführten Dingen gefüllt:

Die neu angekommenen Menschen, erschöpft, hungrig, durstig, demoralisiert von der langen Reise, hatten keine Zeit, darüber nachzudenken, wo sie sich eigentlich befanden. Umgeben von Wachposten, ausgestattet mit Gewehren, und von Kapos mit Schlagstöcken, wurden zunächst Männer und Frauen voneinander getrennt. Alles musste schnell gehen. Alten Menschen, Kranken, Schwachen, Müttern mit Kindern versprach man, sie auf den bereitstehenden LKWs ins Lager zu bringen, wo sie versorgt würden und anschließend ihre Familien wiederträfen und ihr Gepäck erhielten.

Alle anderen wurden noch an der Rampe selektiert. Der Fingerzeig eines Arztes entschied, wer noch arbeiten durfte und wer für den Tod bestimmt war.

Sie sollten sich in Fünferreihen aufstellen, um zum Lager geführt zu werden. Außerhalb des Lagers waren die SS-Männer noch recht freundlich zu den Häftlingen, direkt hinter dem Lagertor spielte oft das Mädchenorchester fröhliche Lieder. Doch sobald sie *im* Lager waren, wurden sie beschimpft, angebrüllt und verprügelt.

Die Arbeitsfähigen wurden zur Sauna gebracht, alle anderen in den Tod geschickt.

Nun mussten die Häftlinge aus dem Kommando »Aufräumdienst« ihre Arbeit tun. Alles, was die Deportierten an Gepäck

Eine typische Ansicht von Taschen und Koffern, die in der Kanada-Abteilung gesammelt und sortiert wurden. Auschwitz Album S. 228

mitgebracht hatten, musste zu den Kanada-Baracken transportiert werden.

Unter den Gepäckstücken befanden sich oft auch Tote, Menschen, die die lange Fahrt nicht überlebt hatten. Sie wurden zu den Krematorien gebracht, nachdem man vorher ihre Kleidung nach Geld oder Wertgegenständen durchsucht hatte.

Die Gepäckstücke wurden auf bereitstehende LKWs verladen, die alles zu den Kanada-Blocks fuhren. SS-Männer standen immer dabei und achteten darauf, dass niemand heimlich etwas stehlen konnte. So auch Oskar Gröning.

Nichts durfte zurückbleiben, alles musste entfernt werden, jede Kleinigkeit. Die Rampe hatte ja, bevor der nächste Transport eintraf, wieder in Ordnung zu sein. Nichts durfte an den vorangegangenen Transport erinnern.

Die Menschen, die zur Arbeit vorgesehen waren, mussten in der Sauna alle privaten Besitztümer, die sie noch mit sich führten, abgeben. In der Regel waren es aber nur noch die Dinge, die sie am Leib trugen. Auch diese Kleidung wurde von einem Arbeitskommando »Kanada« in den entsprechenden Block gebracht. Die Deportierten bekamen, nachdem sie geduscht hatten, die gestreifte Häftlingskleidung und Holzschuhe, in denen zu laufen sie erst lernen mussten.

Die, die noch am selben Tag sterben sollten, mussten sich vor den Gaskammern in dem Auskleideraum komplett ausziehen und alles auf Haken hängen. An den Wänden standen Bänke. Die Haken darüber waren nummeriert. Man rief den Menschen zu: »Merkt euch die Stelle, an der ihr eure Sachen abgelegt habt, damit ihr sie nach dem Duschen gleich wiederfindet. Bindet eure Schuhe zu Paaren zusammen, damit sie nicht verloren gehen!« Oder man sagte: »Beeilt euch, eure Suppe oder euer Kaffee wird sonst kalt!« Solche Dinge mussten die Häftlinge aus dem Sonderkommando sagen. Und sie durften sich dabei auf keinen Fall anmerken lassen, dass die Menschen ihre Sachen nie wieder bekommen würden, weil jenseits des Tores, durch das sie gehen würden, der Tod wartete. Vollkommen ahnungslos betraten sie den Raum. Er war beleuchtet und an der Decke sahen sie die Duschköpfe.

Einige genierten sich, vor so vielen fremden Menschen alles auszuziehen, andere lachten, Kinder weinten und die Mütter versuchten, sie zu trösten.

Die Häftlinge des Sonderkommandos hörten die Schreie und das Kratzen an den Wänden. Erst nach geraumer Zeit, vielleicht nach zwanzig bis dreißig Minuten, wurde es stiller. Dann wussten sie, dass alle tot waren.

Sobald die Menschen in den Gaskammern waren, wurden auch ihre Kleidungsstücke in die Kanada-Blocks gebracht.

Und damit nicht genug. Nachdem die Menschen tot waren, brach man ihnen die Goldzähne aus. Es waren jüdische Sonderkommandos, die diese Arbeiten tun mussten. Sie mussten körperlich stark sein, denn die Toten waren ineinander verschlungen. In ihrem Todeskampf hatten sie sich an die anderen geklammert, die in der Nähe waren. Sie waren schwarz und blau vom Gas. Jetzt mussten sie aus den Gaskammern herausgezogen werden, eine Etage höher zu den Krematorien. Es war eine schwere Arbeit, die von den entkräfteten Männern kaum zu schaffen war. Doch sie mussten es tun, denn sie wussten, sie würden die Nächsten sein, die man dort herauszöge, wenn sie ihre Arbeit nicht mehr leisten konnten.

DOCUMENT NO. NO 1257 (CONT'D)

ABSCHRIFT GEHEIM

AUFSTELLUNG

ueber die von den Lagern Lublin und Auschwitz auf Anordnung des SS-Wirtschafts-Verwaltungshauptamts abgelieferten Mengen an Textil-Altmaterial:

1. Reichswirtschaftsministerium

Maenner-Altbekleidung ohne Waesche	97 000 Garnituren
Frauen-Altbekleidung ohne Waesche	76 000 Garnituren
Frauen Seidenwaesche	89 000 Garnituren
	insgesamt 34 Waggons

Lumpen	400 Waggons	2 700 000 kg
Bettfedern	130 Waggons	270 000 kg
Frauenhaare	1 Waggons	3 000 kg
Altmaterial	5 Waggons	19 000 kg
	insgesamt:	2 992 000 kg

insgesamt: 536 Waggons
570 Waggons

2. Volksdeutsche Mittelstelle.

Maennerbekleidung:

Maentel	99 000	Stck.
Roecke	57 000	"
Westen	27 000	"
Hosen	62 000	"
Unterhosen	38 000	"
Hemden	132 000	"
Pullover	9 000	"
Schals	2 000	"
Pyjamas	6 000	"
Kragen	10 000	"
Handschuhe	2 000	Paar
Struempfe	10 000	"
Schuhe	31 000	"

Frauenbekleidung:

Maentel	155 000	Stck.
Kleider	119 000	"
Jacken	26 000	"
Roecke	30 000	"
Hemden	125 000	"
Blusen	30 000	"
Pullover	60 000	"
Unterhosen	49 000	"
Schluepfer	60 000	"

Kinderbekleidung:

Maentel	15 000	Stck
Knabenroecke	11 000	"
Knabenhosen	3 000	"
Hemden	3 000	"
Schals	4 000	"
Pullover	1 000	"
Unterhosen	1 000	"
Maedchenkleider	9 000	"
Maedchenhemden	5 000	"
Schuerzen	2 000	"
Schluepfer	5 000	"
Struempfe	10 000	Paar
Schuhe	22 000	"

Wäsche usw.:

Bettbezuege	37 000	Stck
Bettlaken	46 000	"
Kopfkissenbezuege	75 000	"
Geschirrtuecher	27 000	"
Taschentuecher	135 000	"
Handtuecher	100 000	"
Tischtuecher	11 000	"
Servietten	8 000	"

Document No - NO 1257 (cont'd)

Pyjamas	27 000	Stck.	Wolltuecher	6 000	Stck.
Schuerzen	36 000	"	Krawatten	25 000	"
Buestenhalter	25 000	"	Gummischuhe und Stiefel	24 000	Paar
Unterkleider	22 000	"			
Kopftuecher	65 000	"	Muetzen	9 000	Stck.
Schuhe	111 000	Paar	insgesamt:	211 Waggon	

Auflistung von »Material«, das nach Deutschland transportiert wurde. Es handelte sich dabei um Damen-, Herren-, Kinderbekleidung und Wäsche, die in 211 Waggons abtransportiert wurden.

In einem solchen Kommando zu arbeiten, bedeutete für die Häftlinge trotz der psychisch kaum zu verkraftenden Arbeit auf jeden Fall einen Aufschub vom Tod. Aber auch sie würden eines Tages in den Gaskammern landen, denn sie waren Geheimnisträger, die auf keinen Fall überleben durften.

Die Goldzähne wurden eingeschmolzen und das Metall in Barrenform gebracht. Alle Körperöffnungen der Toten wurden auf Wertgegenstände untersucht. Die Haare wurden den Leichen abgeschnitten. Deutsche Firmen stellten daraus Filzstoffe, Filzpantoffeln, Decken oder Perücken her. Und selbst für die Knochen, die nach dem Verbrennen der Menschen übrig blieben, fand man noch Verwendung. Sie wurden gemahlen und als Düngemittel verkauft.

Unter der Aufsicht von SS-Wachen wurde alles nach Wertsachen durchsucht, registriert, sortiert und gegebenenfalls zu Bündeln verschnürt. In machen Zeiten, wenn viele Häftlingstransporte nach Auschwitz kamen, reichten die Kapazitäten in den Baracken nicht aus, um alles aufnehmen zu können. Dann türmten sich vor den Baracken Berge von Koffern,

Taschen, Rucksäcken, Kleidern und sonstigen Dingen der Ermordeten.

Ganze Eisenbahnladungen mit Kleidungsstücken, Wäsche, aber auch Haushaltsgegenständen wurden nach Deutschland geschickt, um sie als »Hilfsgüter« und im Winter als Winter- oder Weihnachtsbeihilfe an deutsche Familien zu verteilen, ohne dass diese wussten, woher die Dinge kamen, wer ihre früheren Besitzer waren. Aber auch die Frontsoldaten wurden bei der Verteilung bedacht. Es waren Tausende Waggons, die mit Gütern beladen ins Deutsche Reich zurückfuhren. (Einen kleinen Überblick darüber ergibt die Auflistung auf S. 64.)

Das Geld und die Devisen, die Oskar Gröning nach Berlin brachte, wurden sofort auf ein Konto der Reichshauptkasse einbezahlt. Profitiert hatten damals zum einen der Staat, weil er mit den zusätzlichen Einnahmen Militärausgaben finanzieren konnte, zum andern aber auch die SS-Wirtschaftsbetriebe, die mit dem Geld die Arbeitsplätze in den Konzentrationslagern weiter ausbauen konnten. Allein die Devisen hatten einen Wert von 60 Millionen Reichsmark (heutiger Kaufwert etwa 100 Millionen Euro). Hinzu kamen Gold, Schmuck und Edelsteine von unbekanntem Wert. Im Rahmen der »Aktion Reinhard« vereinnahmte das Deutsche Reich allein 2,6 Tonnen Zahngold.

Die Häftlinge, die in den Kanada-Blocks die Sortierarbeiten durchführten, fanden zwischen all dem Gepäck oft Lebensmittel. Sie haben sie heimlich an sich genommen und in unbeobachteten Momenten gegessen. Viele haben aber auch etwas aus der Baracke herausgeschmuggelt und an Mithäftlinge wei-

Gepäck der Deportierten vor einem Kanada-Block in Auschwitz-Birkenau. Die Blocks waren so überfüllt, dass alles Gepäck zunächst außerhalb der Räume gelagert und vorsortiert werden musste.

tergegeben. Das »Kanada-Kommando« war als Einsatzort für die arbeitsfähigen Häftlinge äußerst begehrt, wusste doch jeder um die Vorteile. Zum Überleben brauchte man eine bessere Verpflegung und die gab es hier. Die Häftlinge nahmen die Dinge an sich in dem Wissen, dass die rechtmäßigen Besitzer meist schon tot waren. In den »Kanada-Kommandos« sahen die Menschen immer halbwegs gut ernährt aus im Vergleich zu den anderen Häftlingen. Gelegentlich wurden sie deshalb auch von SS-Männern als »fette Schweine« bezeichnet, dabei wirkten sie höchstens wie Menschen aus der normalen Welt.

Häftlinge aus den »Kanada-Baracken« wurden aber auch von Mithäftlingen oder den Kapos gezielt angesprochen, etwas zu »organisieren«. Allein durch ihr Aussehen konnte man sie den

»Kanada-Baracken« zuordnen. Natürlich war es immer riskant, etwas aus »Kanada« herauszuschleusen. Milde Strafen gab es nicht, wenn jemand erwischt wurde. Bei Diebstahl wurden manchmal Prügelstrafen verhängt, meist aber gleich die Todesstrafe.

Den SS-Männern war es strikt verboten, sich mit Häftlingsfrauen einzulassen. Trotzdem kam es immer wieder vor. In den Kanada-Blocks durften die Frauen sich die Haare wachsen lassen, sie sahen gut genährt aus wegen der zusätzlichen Verpflegung, die sie zwischen den Gepäckstücken fanden. SS-Männer machten sich oft über sie her und vergewaltigten sie brutal. Keine Frau konnte vor ihnen sicher sein. Angst war ihr täglicher Begleiter.

»Es ist so schlimm«, sagte eine der Frauen, die dort arbeiten mussten, »dass Gott sich entschieden hat, nicht hier zu sein.«

Kurz bevor Auschwitz befreit wurde – Oskar Gröning war zu dieser Zeit an der Front –, versuchte die SS die Spuren der Massenvernichtung zu beseitigen. Unter anderem zündeten sie die »Kanada-Baracken« an, die mehrere Tage brannten. Beim Eintreffen der russischen Armee waren noch sechs Baracken weitgehend unbeschädigt. Dort fand man:

348 830 Herrenanzüge
836 255 Damenkleider
13 964 Teppiche
43 255 Paar Damen- und Herrenschuhe
7 Tonnen Haare
unzählige Zahnbürsten, Kleiderbürsten, Haarbürsten, Töpfe, Pfannen, Schüsseln, Bestecke, Brillen und viele weitere Artikel für den täglichen Gebrauch.

Bruder Gerhard

An irgendeinem Tag Ende 1942 erfuhr Oskar Gröning, dass sein Bruder Gerhard an der Front in Russland gefallen war. Gerhard – wann hatte er ihn zuletzt gesehen? War es Monate her oder schon mehr als ein ganzes Jahr? Oskar hatte immer zu seinem älteren Bruder aufgeblickt, er war so etwas wie ein Vorbild für ihn.

Gerhard – auch er war ein überzeugter Nationalsozialist und ein überzeugter Soldat gewesen. Nun war er tot. Den Heldentod gestorben, den er in Gesprächen oft in die Erwartung einbezogen hatte. So habe der Tod einen Sinn, hatte er im Brustton der Überzeugung gemeint.

Oskar Gröning wusste, dass Gerhard in der 6. Armee war, die zunächst Stalingrad erobern und dann den Weg in den Kaukasus zu den dortigen Ölfeldern bereiten sollte. Nun war er tot, gefallen am 20. November vor Stalingrad. Auf einmal konnte er sich nicht mehr wie ein glorreicher Sieger bejubeln lassen, allenfalls Blumen würde man an einem Denkmal für ihn niederlegen.

Was war geschehen? Gab es einen größeren Widerstand von der Roten Armee? Im Sommer hatte es noch so ausgesehen, als würde auch dort der Durchbruch gelingen, als wäre es nur noch eine Frage der Zeit, bis die Rote Armee besiegt sei. Waren diese Meldungen falsch? Unvorstellbar! Doch offenbar hatte die Wehrmacht nicht damit gerechnet, dass der Gegner im November eine Gegenoffensive starten würde. Binnen kurzer Zeit waren mehr als 230000 Soldaten der Wehrmacht und der verbündeten ungarischen Armee eingekesselt. Obwohl die Lage so gut wie aussichtslos war, bestand Hitler darauf, dass die Truppen ausharrten. Nachschub werde im Dezember kommen. Zehntausende kamen in den Wintermonaten 1942/43 ums Leben, einer von ihnen war Gerhard Gröning.

Ganz unter dem Eindruck des Todes seines Bruders überlegte Oskar, wie sein eigenes Leben weitergehen könnte. Sollte er, wie er das bisher schon zweimal, vielleicht etwas halbherzig, getan hatte, wieder seine Versetzung an die Front betreiben, oder sollte er sich mit seiner Situation in Auschwitz vorbehaltlos arrangieren? Sicher, nicht alles, was er in Auschwitz sah, gefiel ihm, aber war das nicht das kleinere Übel? War es hier für ihn nicht wesentlich sicherer als irgendwo in einem Schützengraben an der Front? Hier in Auschwitz hatte er einen geregelten Dienst, hier konnte er seine beruflichen Erfahrungen einbringen, hier gab es ausreichend Verpflegung, Alkohol, so viel er brauchte, und nachts ein weiches Bett. Zwar wurde auch hier Krieg geführt, auch hier starben Menschen, aber an diesen Tötungen war er nicht selber beteiligt.

Gerhards Tod löste in ihm etwas aus. Gerhard kannte er, er kannte ihn gut, Gerhard war sein Bruder. Nun war er tot. Dieser Tod war für Oskar anders als die vielen Tode, die täglich um ihn herum gestorben wurden. Die waren anonym, die Menschen, die ja Feinde waren, kannte er nicht. Die Tode waren gerechtfertigt, so sah er das. Aber Gerhards Tod – der berührte ihn unmittelbar. Sein Tod durfte einfach nicht sein! Natürlich hatten sie, wenn sie früher darüber redeten, den Tod im Kampf gegen den Feind immer einbezogen. Doch das waren Sätze, die ihrer Euphorie entstammten, sie hatten keine konkreten Erfahrungen mit dem Tod gehabt. Sie waren noch jung gewesen, hatten den Kopf voller Ideen für die Zukunft.

Den Soldatentod kannten sie nur aus den Erzählungen des Vaters und des Großvaters. Tapfere Männer seien das gewesen, die da ihr Leben gelassen hätten. Und tapfer wollten auch sie sein, Gerhard und Oskar.

Nun waren die Sätze Realität geworden. Oskar bekam Angst. Angst, auch an die Front zu müssen, denn er war als »kriegsverwendungsfähig« und »abkömmlich« eingestuft.

Nein, er musste einen Weg finden, in Auschwitz zu bleiben. Hier war er sicher.

Hochzeit

In seinen Gedanken war Oskar Gröning oft bei seinem Bruder. Was wusste er über ihn? Der Krieg hatte so vieles verändert, vielleicht auch Gerhards Pläne. Nur eines wusste Oskar ganz sicher über seinen Bruder: Er wollte heiraten. Verlobt hatte er sich bereits mit Irmgard, einer hübschen Frau, wie Oskar fand, einer Frau, die genau zu Gerhard, aber auch in diese Zeit passte. Sie war Führerin im Bund Deutscher Mädel.

Nach Gerhards Tod stand sie nun plötzlich allein da, ohne die Aussicht, mit ihrem Verlobten eine Familie zu gründen. Denn das hatten sie ganz fest vorgehabt: heiraten und Kinder kriegen.

Hatte Gerhard ihn nicht gebeten, ja regelrecht aufgefordert, für Irmgard zu sorgen, für sie da zu sein, sollte ihm selbst etwas zustoßen? Diese Frage ging Oskar plötzlich durch den Kopf. Doch was konnte er tun? Wie konnte er Gerhards Wunsch erfüllen?

Oskar Gröning überlegte, ob es wohl möglich wäre, das Eheversprechen seines Bruders selbst einzulösen, die vorgesehene »Blutlinie«, wie er es für sich nannte, selbst zu übernehmen. War es das, was Gerhard gewollt hätte? Wäre das in seinem Sinne? Irmgard nicht nur vorübergehend materiell zu unterstützen, sondern sie auch zu heiraten?

Der Gedanke beschäftigte ihn, ließ ihn nicht wieder los. Wie sollte er das anstellen? Sich einfach mit Irmgard in Verbindung setzen, sie fragen: »Hör mal, könntest du dir vorstellen …?«

Nein, er brauchte Zeit und auch Irmgard wollte er mit seiner Idee nicht bedrängen. Sie musste ja auch über den Verlust ihres Verlobten hinwegkommen.

Doch der Gedanke war da, nistete sich bei Oskar Gröning ein und irgendwann fragte er sich, ob ihn nicht eine Eheschließung mit Irmgard auch vor einem Einsatz an der Front bewahren könnte. Sein Bruder war tot, weitere Geschwister gab es nicht. Konnte das eine Chance sein? Er wusste es nicht, wollte aber alles dafür tun, die Verlobte seines Bruders zu heiraten.

Wie er Irmgard davon überzeugt hat, ihn zu heiraten, bleibt sein Geheimnis. Hat er ihr zuerst einen Brief geschrieben?

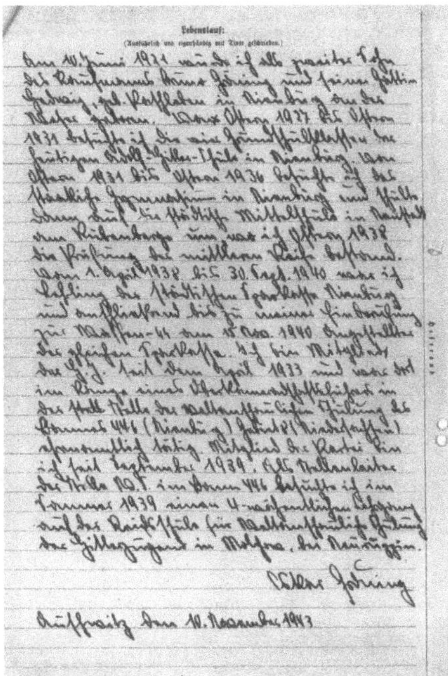

Lebenslauf:

(Ausführlich und eigenhändig mit Tinte geschrieben.)

Am 10. Juni 1921 wurde ich als zweiter Sohn des Kaufmanns Hans Gröning und seiner Gattin Hedwig, geb. [illegible] in Nienburg an der Weser geboren. Von Ostern 1927 bis Ostern 1931 besuchte ich die vier Grundschulklassen der heutigen Adolf-Hitler-Schule in Nienburg. Von Ostern 1931 bis Ostern 1936 besuchte ich das staatliche Gymnasium in Nienburg und [illegible] die städtische Mittelschule in Neustadt am Rübenberge, wo ich Ostern 1938 die Prüfung der mittleren Reife bestand. Vom 1. April 1938 bis 30. Sept. 1940 war ich Lehrling der Städtischen Sparkasse Nienburg und anschließend bis zu meiner Einberufung zur Waffen-SS am [illegible] 1940 Angestellter der gleichen Sparkasse. Ich bin Mitglied der H.J. seit dem April 1933 und war dort im Range eines Oberkameradschaftsführers in der Stabsstelle der weltanschaulichen Schulung des Bannes 446 (Nienburg) Gebiet 8 (Niedersachsen) ehrenamtlich tätig. Mitglied der Partei bin ich seit Dezember 1939. Als Mitarbeiter der Stelle [illegible] im Bann 446 besuchte ich im Sommer 1939 einen 4-wöchentlichen Lehrgang auf der Reichsschule für weltanschauliche Schulung der Hitlerjugend in [illegible] bei [illegible].

Oskar Gröning

Auschwitz, den 10. November 1943

Lebenslauf, Fotos und Dokument für die Hochzeit

Raum zum Aufkleben der Lichtbilder.

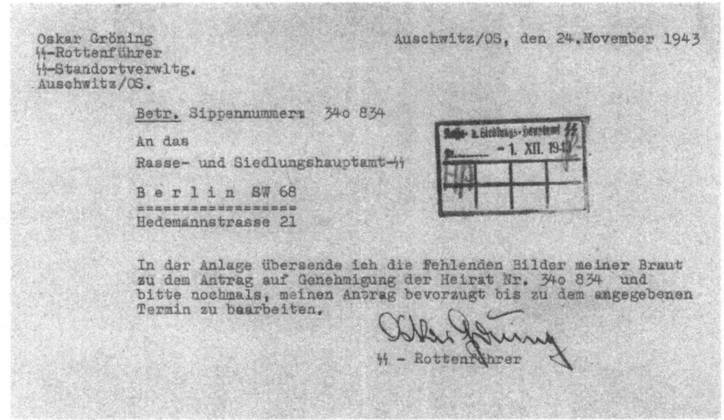
Oskar Gröning
ᛋᛋ-Rottenführer
ᛋᛋ-Standortverwltg.
Auschwitz/OS.

Auschwitz/OS, den 24.November 1943

Betr. Sippennummer: 34o 834

An das
Rasse- und Siedlungshauptamt-ᛋᛋ

B e r l i n SW 68
Hedemannstrasse 21

In der Anlage übersende ich die fehlenden Bilder meiner Braut zu dem Antrag auf Genehmigung der Heirat Nr. 34o 834 und bitte nochmals, meinen Antrag bevorzugt bis zu dem angegebenen Termin zu bearbeiten.

Oskar Gröning
ᛋᛋ - Rottenführer

Haben sie sich getroffen und darüber gesprochen? Auf jeden Fall hatten sie Kontakt miteinander, redeten, zunächst über Gerhards Tod und darüber, wie es mit ihr weitergehen könnte. Hatte Gerhard ihr gegenüber schon Andeutungen gemacht, dass, gesetzt den Fall, er würde nicht mehr aus dem Krieg zurückkommen, sie den Bruder heiraten könnte?

Als Oskar sie darauf ansprach, schien es ihm, wie wenn Irmgard der Gedanke auch nicht fremd sei. Sie konnte es sich vorstellen. Das teilte sie ihm später noch einmal mit.

Von Januar bis April 1943 war Oskar Gröning an Fleckfieber erkrankt. Die Krankheit nahm Ausmaße an, dass man seinen Vater verständigte, weil viele Menschen in dieser Zeit an Fleckfieber starben. Der Vater besuchte ihn, brachte ihm Grüße von Irmgard mit. Später schrieb sie ihm einen Brief. Darin wurde sie deutlich: »Ich hoffe sehr, dass Du bald wieder gesund wirst. Und dann möchte ich Dich so schnell wie möglich heiraten und auch Kinder haben!«

Das war das Signal für Oskar Gröning. Nun konnte er das Notwendige veranlassen. Im Sommer 1943 stellte er einen Antrag für eine Verlobungs- und Heiratsgenehmigung, die am 24. September 1943 von der Stabskompanie SS-Standortverwaltung Auschwitz befürwortet wurde. Unterschrieben wurde die Genehmigung von SS-Hauptsturmführer und Kompanieführer Walter Polenz*.

Damit war für Oskar Gröning der erste Schritt getan.

Weitere Formulare mussten ausgefüllt, ein Lebenslauf geschrieben, Fotos von ihm und seiner zukünftigen Frau besorgt und eine Persönlichkeitsbeurteilung ausgestellt werden. All diese Unterlagen schickte er an das Rasse- und Siedlungshauptamt* SS nach Berlin und bat darum, seinen Antrag auf Eheschließung bevorzugt zu bearbeiten. Als Begründung schrieb er: »Ich bin letzter Sohn, da mein Bruder am 20. November 1942 vor Stalingrad gefallen ist. Da ich KV (kriegsverwendungsfähig) bin und mit einer Versetzung zu einer Feldeinheit in Kürze zu rechnen ist, bitte ich darum, mein Gesuch in Kürze zu bearbeiten.« Er hoffte, mit diesem Hinweis noch vor Weihnachten heiraten zu können.

Die Hochzeit fand am 19. Dezember 1943 in kleinem Kreis vor dem Standesamt statt.

Oskar Gröning bekam drei Wochen Hochzeitsurlaub.

Nachdem er im Januar 1944 nach Auschwitz zurückkehrte, wurde er erneut über seine Pflichten im Lager belehrt. Er blieb dort, zählte wieder Geld, das er nach Berlin bringen musste. Alles war wie immer. Nur vom Rampendienst war er befreit, zumindest vorerst.

Wilhelm Tell von Auschwitz

Oskar Gröning kannte ihn. Gottfried Weise*, SS-Unterscharführer, ein von den Häftlingen sehr gefürchteter Mann. Ende Mai 1944 war er für einige Tage in der Häftlings-Geld-Verwaltung eingesetzt gewesen. Doch schon nach kurzer Zeit wurde er abkommandiert in die Effektenkammer der Gefangenen-Eigentums-Verwaltung. Seine Aufgabe war es, die dort arbeitenden männlichen und weiblichen Sortierkommandos zu beaufsichtigen. Kurze Zeit später wurde er mit einer weiteren Aufgabe betraut: Er musste die Rampen-Kommandos, die für die Räumungsarbeiten zuständig waren, bewachen.

Innerhalb kurzer Zeit war Gottfried Weise einer der gefürchtetsten Aufseher in den Kommandos. Häftlinge waren für ihn Staatsfeinde, die keinerlei Milde verdienten und die es auszurotten galt. Mit großer Verachtung blickte er auf sie herab. Einerseits hielt er Distanz zu ihnen, andererseits hatte er aber auch keine Skrupel, sie zu quälen oder zu töten.

Obwohl es verboten war, sich mit weiblichen Gefangenen einzulassen, waren es gerade sie, über die er sich hermachte, sie quälte und vergewaltigte.

Schnell hatte er unter den Häftlingen den Ruf des unberechenbaren und kaltblütigen Aufsehers. Oftmals aus purer Lust und Laune heraus oder weil er vermeintliche Unregelmäßigkeiten bei den Häftlingen entdeckte, schlug er zu oder erschoss sie mit seiner Waffe.

Oskar Gröning hatte einige Male von solchen Vorfällen gehört. Es wurde ihm zugetragen, dass Weise einen Häftling so fest mit einem Spazierstock schlug, dass das Holz in der Mitte brach. Darauf hatte er von dem Häftling verlangt, aus dem Effektenlager einen neuen Stock zu holen und ihm »förmlich« mit einer Verbeugung zu überreichen. Danach verprügelte Weise den Häftling mit dem neuen Stock weiter.

Immer wieder ließ er die Gefangenen spüren, dass sie in seinen Augen ein »Nichts« waren. Sie mussten sich vor ihm verbeugen und er schlug sie solange mit einem Stock auf Gesäß oder Rücken, bis er müde wurde.

Einmal, so wurde bekannt, musste ein achtjähriger Junge vor ihm tanzen und klatschen, ehe Weise ihn als Zielscheibe benutzte und erschoss.

Einen weiteren Gefangenen aus dem Kanada-Lager erschoss er, weil der angeblich zu spät kam. Den Toten schleifte er durch den Block und legte ihn vor der Tür ab.

Einmal, so erfuhr Gröning, war ein Häftling nach einer kurzen Pause nicht sofort wieder zum Dienst erschienen. Ihn habe Weise mit einem gezielten Kopfschuss getötet. Ähnlich verfuhr er auch mit zwei Häftlingen, die sich in einem mit Kleidern beladenen Eisenbahnwaggon versteckt hatten. Hatten sie ihre Flucht geplant?

Im Spätsommer 1944 wurde Weise dabei beobachtet, wie er einem etwa zehnjährigen Jungen, der gerade erst in Auschwitz angekommen war, leere Konservendosen auf den Kopf und die Schultern stellte. Nachdem er die Dosen treffsicher vom Körper des Jungen heruntergeschossen hatte, tötete er ihn mit einem weiteren Schuss mitten ins Gesicht.

Dieser Vorfall brachte ihm bei den Kameraden den Beinamen »Wilhelm Tell von Auschwitz« ein.

Seine Treffsicherheit stellte er auch bei einem 18-jährigen Mädchen mehrfach unter Beweis. Auch sie drapierte er einige Male mit Konservendosen auf Kopf und Schultern. Zum Schluss tötete er sie mit einem gezielten Kopfschuss.

Über solche und ähnliche Taten wurde häufig unter den Kameraden geredet, mal anerkennend, mal schulterzuckend. Niemand nahm wirklich Anstoß daran. Es war ein Stück Alltag in Auschwitz. Oskar Gröning wusste das.

Freunde und Kameraden

Heinrich Kühnemann* kam im August 1943 ins Lager. Oskar Gröning kannte ihn, sie wurden in Auschwitz zu Freunden. Kühnemann wurde Mitarbeiter der Häftlings-Eigentums-Verwaltung. Dort, aber auch in der Unterkunft trafen sie sich täglich. Kühnemann bewohnte, zusammen mit anderen Kameraden, die Nachbarstube von Oskar Gröning. Kühnemann, der in Wien eine Ausbildung zum Opernsänger gemacht hatte, zeigte sich den Gefangenen gegenüber jedoch nicht von seiner musisch-künstlerischen Seite.

Gefangene, die neu in den Kanada-Blocks eingesetzt wurden, trieb er mit Gebrüll und Schlägen zum schnelleren Arbeiten an. »Los! Los! Schneller, ihr Schweinebande!«, lauteten seine Beschimpfungen.

Einmal verabreichte er dem Gefangenen Stanlay Golvin, den er zu beaufsichtigen hatte, Stockschläge auf das Gesäß. Golvin musste die Schläge laut mitzählen. Nach dem 24. Schlag verzählte er sich. Als zusätzliche Bestrafung verabreichte ihm Kühnemann zehn weitere Stockhiebe.

Gröning und Kühneman trafen sich abends, erzählten sich beim Essen oder später beim Wodka, was tagsüber an Besonderem geschah.

Bei einem dieser Gespräche erfuhr Gröning, dass sein Freund eigenhändig einen Säugling in die Gaskammer gebracht hatte.

Rief diese Information bei Gröning die Erinnerung wach, wie er mit hatte ansehen müssen, dass ein Rottenführer ein Baby an der Stoßstange eines LKWs totschlug? Oder war der Tod in der Gaskammer für ihn schon zu einem normalen Vorgang geworden? Ließ sich der von Kühnemann erzählte Tod mit Wodka ertragen?

Auch die Tatsache, dass Kühnemann einen Gefangenen eigenhändig totschlug, tat der Freundschaft keinen Abbruch.

Heinrich Kühnemanns Aufgabe war es, darauf zu achten, dass sich weder an der Rampe, an der er öfter Dienst hatte, noch in den Kanada-Blocks Gefangene oder SS-Männer bereicherten. Selber hielt er sich aber nicht daran. Einmal, so konnte der Gefangene Vrba Rudolf* beobachten, hatte Kühnemann einen Koffer so mit Sachen vollgestopft, dass er den Inhalt mit seinen Stiefeln zusammendrücken musste, um den Koffer schließen zu können. Sein Vorgesetzter, SS-Unterscharführer und Kammerwart der Effektenverwaltung Otto Graf* war ihm dabei behilflich.

Vrba Rudolf wurde auch Zeuge von folgendem Vorfall: Ein Gefangener war in einem Waggon beim Einladen von Lumpen eingeschlafen. Otto Graf und ein weiterer SS-Mann prügelten zunächst mit Knüppeln auf den schlafenden Mann ein, bis er nicht mehr aufstehen konnte. Die Gefangenen, die in dem Kommando arbeiteten, mussten die ganze Zeit dabeistehen und zuschauen.

Irgendwann verschwand Otto Graf in seinem Büro und kam mit einer Pistole zurück. Er hielt eine kurze Ansprache: »Bei dieser Tat des Häftlings handelt es sich um einen schwerwiegenden Vorfall. Damit sich solches nicht wiederholt, sehe ich mich dazu gezwungen, ein Exempel zu statuieren! Deswegen ist es notwendig, den Häftling zu erschießen!«

Wenige Augenblicke später lag der Mann in seinem Blut am Boden.

Auch Franz Wunsch* war für Oskar Gröning kein Unbekannter. Sie waren Kollegen, wobei Wunsch für die Verwaltung der Kanada-Blocks in Birkenau zuständig war. Neben seiner Verwaltungsarbeit hatte er mindestens einmal pro Woche auch Dienst an der Rampe und musste dort das Gepäck bewachen. Sowohl während dieses Dienstes als auch in den Kanada-Blocks wurde er dabei beobachtet, wie er wahllos und brutal auf Gefangene einschlug.

Franz Wunsch, ein Österreicher, der schon mit 18 Jahren in die SS eintrat, galt in Auschwitz nicht nur unter den Gefangenen, sondern auch unter den SS-Kollegen als furchtbarer Judenhasser. Durch Prügel und Beschimpfungen ließ er das die Menschen jederzeit spüren.

Für den Tod eines Gefangenen ist auch er unmittelbar verantwortlich. Als am 7. Oktober 1944 in Birkenau Häftlinge revoltierten, erschoss er einen zwanzigjährigen griechischen Juden, der im Aufräumkommando arbeitete.

Seine Einstellung zu Juden änderte er erst, als er sich in die slowakische Jüdin Helena Citónová verliebte. Es war zunächst eine einseitige Liebe, denn Helena konnte sich nicht vorstellen, ein Verhältnis mit einem SS-Mann einzugehen. Doch Wunsch tat alles, um Helena zu erobern. Erst als er ihre Schwester vor dem sicheren Tod in der Gaskammer rettete, erwiderte Helena seine Zuneigung.

Wenn Franz Wunsch in dieser Zeit in dem Kanada-Block

auftauchte, in dem Helena arbeitete, wussten die anderen Häftlingsfrauen genau, was sie zu tun hatten. Sie mussten Wache stehen, wenn sich Helena und Franz hinter einem Kleiderberg liebten.

Vorboten

Etwas hatte sich verändert, als Oskar Gröning von seinem Hochzeitsurlaub nach Auschwitz zurückkehrte. Es war nicht die dreiwöchige Abwesenheit, die ihm womöglich einen neuen Blick auf das Lager hätte ermöglichen können. Nein, er hatte sich schnell wieder in den Alltag eingefügt, zählte tagsüber Devisen und verbrachte die Abende mit den Kameraden und Schnaps in der Unterkunft.

Aufgefallen war ihm, dass er vom Dienst auf der Rampe befreit war, zumindest fürs erste. Eine plausible Erklärung dafür hatte er nicht, auch seine Vorgesetzten verloren kein Wort darüber. Er bekam einfach bloß den Befehl, in der Häftlings-Geld-Verwaltung die Devisen zu zählen. Dort gab es in der Tat viel zu tun, kamen doch beinahe täglich Transporte mit mehr als tausend Menschen in Auschwitz an. Einige kamen aus anderen Lagern, andere aus Holland, Belgien, Italien, Griechenland und Frankreich. Es gab auch Transporte aus dem Deutschen Reich sowie aus Gebieten Österreichs. Neben Juden waren auch Sinti und Roma unter denen, die eintrafen.

Für sich selbst erklärte Oskar Gröning die Befreiung vom Rampendienst damit, dass er zum Unterscharführer befördert wurde. Vielleicht, so erhoffte er sich, brauche er ja in dieser Position nicht mehr auf die Rampe. Gröning war darüber erleichtert. Er mochte den Dienst dort nicht sonderlich. Das in seinen Augen Notwendige hatte oft grausame Züge, besonders bei den Selektionen, wenn Familien auseinandergerissen wurden. Er konnte nur dabeistehen und zuschauen. Einschreiten wollte und durfte er nicht. Er mochte seine Befugnisse nicht überschreiten. Trotz aller Grausamkeiten war er überzeugt, dass in Auschwitz das Richtige getan wurde. Andere Lösungen sah er nicht. Er machte sich auch keine Gedanken darüber. Oskar Gröning war ja nur der Buchhalter.

Auch den Anblick des überall herumliegenden Gepäcks mochte er nicht, wenn er Dienst auf der Rampe hatte. Er bevorzugte Ordnung!

Doch etwas anderes, etwas Größeres schien sich in diesen ersten Wochen des Jahres 1944 anzudeuten. Für alle SS-Bediensteten wurde eine Urlaubssperre verhängt. Was hatte das zu bedeuten? Wurden mehr Gefangenentransporte erwartet? Sollten sie eine Größenordnung annehmen, bei der jeder Einzelne gebraucht wurde?

Es wurde geredet, Ungarn solle »judenfrei« gemacht werden. Der Begriff »Ungarn-Aktion« kursierte.

Die ungarischen Juden würden sicher jede Menge Gepäck mitbringen, weil sie reich waren. Darauf spekulierten viele SS-Männer. Bei den polnischen Juden sei nicht viel zu holen gewesen, aber die Ungarn hätten »dicken Speck«.

In den letzten Monaten des Vorjahrs war schon darüber geredet worden, dass die Rampe, die immer noch außerhalb des Lagers Auschwitz-Birkenau lag, nun direkt ins Lager verlegt werden sollte. Mit dem Gleisbau hatte man bereits begonnen. Nach der Fertigstellung sollten die Schienen durch das Tor direkt ins Lager hineinführen. Enden sollten sie kurz vor den Krematorien I und II. Offensichtlich erwartete man von Seiten der Lagerleitung tatsächlich noch mehr Transporte. Weil die Deportierten bei ihrer Ankunft dann direkt im Lager wären, würde man schneller, effektiver und personalsparender arbeiten können, da die vielen Wachen, die die Transporte ins Lager führten, weitgehend überflüssig wären. Solche Überlegungen wurden laut ausgesprochen. Die neu ankommenden Menschen könnten noch ökonomischer »entsorgt« werden. Das Wort hatte sich in Grönings Gedanken eingenistet.

Sogar eine Verpflichtungserklärung mussten alle unterschreiben. Selbstverständlich würde Oskar Gröning seine ganze Arbeitskraft darauf verwenden, dass die anstehenden Maßnahmen reibungslos durchgeführt werden konnten. Aber was sollte das mit der Verschwiegenheit? Warum sollte er nicht mit Kameraden darüber reden dürfen? Er dachte nicht weiter nach, sondern unterschrieb.

Ferner sollten Verbrennungsöfen, die stillgelegt waren, wieder in Betrieb genommen werden. Und Rudolf Höss, der einige Monate zuvor nach Berlin abkommandiert wurde, um dort besondere Aufgaben im SS-Wirtschafts- und Verwaltungshauptamt zu übernehmen, kehrte im Mai 1944 mit dem Auftrag nach Auschwitz zurück, die Verantwortung für die reibungslose Ermordung der ungarischen Juden zu übernehmen. Deswegen ordnete er auch gleich am 9. Mai an, dass hinter den Krematorien I und II fünf zusätzliche Verbrennungsgruben ausgehoben werden sollten. Außerdem sollten die Kamine des Krematoriums 5 instandgesetzt werden. Nach seinen Berechnungen würden die vorhandenen Krematorien für die große Zahl der zu erwartenden Leichen nicht ausreichen. Er beauftragte SS-Hauptscharführer Otto Moll*, die Sonderkommandos für die Entsorgung der Leichen personell so gut auszustatten, das mehrere Transporte pro Tag abgefertigt werden könnten.

Auch Adolf Eichmann* kam nach Auschwitz. In Ungarn hatte er schon die Vorbereitungen für die Deportation* der dort lebenden Juden abgeschlossen. Nun wollte er sich vor Ort davon überzeugen, dass sie auch schnell und reibungslos ermordet und verbrannt werden konnten. Das war ihm wichtig. Die Vernichtung der europäischen Juden betrachtete er als seine große Aufgabe.

Eichmann war äußerst zufrieden mit dem, was in Auschwitz vorbereitet wurde. Auf Rudolf Höss konnte er sich verlassen.

Jetzt konnten die Deportationen beginnen.

Auf der Rampe in Auschwitz: Menschen aus Ungarn sind gerade eingetroffen; nur wenige von ihnen werden den Abend des Tages noch erleben.

Am 29. und 30. April erreichten die ersten Züge das Lager. Die eigentlichen Ungarn-Transporte begannen am 15. Mai 1944. Von da an kamen täglich drei Güterzüge mit jeweils bis zu 4000 Menschen an der Rampe in Auschwitz-Birkenau an. Die Ungarn-Aktion, wie sie im Lagerjargon bezeichnet wurde, hatte begonnen.

Ankunft eines Transports

Es war der erste Transport an diesem 1. Juli 1944, der in der Morgendämmerung die Rampe von Auschwitz-Birkenau erreichte. Die Schornsteine der Krematorien qualmten ebenso wie die offenen Verbrennungsgruben, in die man die Toten hineinwarf. Über dem ganzen Gelände hing ein schwerer säuerlicher Geruch, den nur die kannten, die schon länger hier waren. Für Fremde war er undefinierbar. Es war der Geruch des Todes.

Aufräumkommandos hatten in den Stunden zuvor das ganze Gepäck und auch die Menschen weggeschafft, die auf der Fahrt gestorben waren. Einige hundert Männer aus den Arbeitskommandos waren damit beschäftigt gewesen, alles für den nächsten Transport wieder herzurichten.

Manchmal hatten einzelne Männer des Aufräumkommandos in dem Gedränge bei der Ankunft die Möglichkeit, die Menschen anzusprechen. Offenbar wussten diese nicht, was ihnen bevorstand. Nur ganz kurze Sätze konnten die Männer ihnen zuflüstern. Sätze wie »Sag, dass du schon sechzehn bist« oder »Gib das Baby an die Großmutter« oder »Sag, dass du ein Handwerker bist«. Mehr Hilfe war nicht möglich und das bisschen auch nur in unbeobachteten Momenten.

Etwas abseits standen bewaffnete SS-Leute, die für Ordnung sorgten. Sie bildeten einen Ring, durch den niemand entkommen konnte.

Weitere SS-Leute bewachten das Gepäck, achteten darauf,

dass niemand etwas stahl. Zur Durchsetzung ihrer Autorität hatten sie Pistolen.

Niemand, der an der Rampe seinen Dienst tat, wusste, wie viele Menschen in den Viehwaggons waren. Dreitausend? Viertausend? Männer, Frauen, Kinder, Babys in Kinderwagen, Menschen an Krückstöcken, andere mit Arm- oder Beinprothesen. Doch eines wussten sie genau: Es waren ungarische Juden und ungarische Juden waren reich. Die SS-Leute hofften, dass die Menschen wenigstens einen Teil des Reichtums bis ins Lager hatten schmuggeln können. Es war zwar verboten, sich an den Besitztümern der Häftlinge zu bereichern, doch dieses Verbot wurde jeden Tag vielfach gebrochen.

Der Transport, der in den frühen Morgenstunden eintraf, kam aus Debrecen in Ungarn. Schon seit Wochen kamen täglich mehrere Züge aus Ungarn und es sollten noch viele weitere ankommen, bis auch dort die »Endlösung der Judenfrage« umgesetzt war.

Die Türen wurden aufgerissen, die Menschen in den Waggons schützten ihre Augen mit den Händen vor den hellen Sonnenstrahlen. Tagelang hatten sie im Halbdunkel der Waggons ausgeharrt, jetzt wurden sie von der Morgensonne geblendet. Sie wurden aufgefordert, auszusteigen und alles, was sie aus ihrer Heimat mitgebracht hatten, zurückzulassen.

Die SS-Männer achteten darauf, dass keine Panik entstand, damit der Zeitplan eingehalten werden konnte. Die Menschen in den Waggons waren nach den drei Tagen Fahrt mit ungewissem Ziel hungrig, durstig und entkräftet. Wo waren sie? Was passierte hier? Was war das für ein Geruch, der ihnen entgegenschlug? Zeit zum Nachdenken blieb ihnen nicht. In Fünferreihen mussten sie sich aufstellen, weinende Babys und Kinder mussten getröstet, Alte und Schwache gestützt werden.

»Warum wir noch?«, fragten sich viele, die in den Zügen saßen. »Der Krieg ist doch bald zu Ende! Es kann sich doch nur noch um ein paar Wochen handeln, bis Deutschland kapituliert!«

Hatten die Menschen in den zurückliegenden Monaten nicht gesehen und gehört, was um sie herum geschah? Oder wollten sie es einfach nicht wahrhaben? Glaubten sie, die ungarische Regierung könne dem Druck Deutschlands dauerhaft standhalten und sie nicht zur Deportation freigeben? Hatten sie nicht gemerkt, dass sich die Stimmung in der ungarischen Bevölkerung, auch durch das Erstarken der faschistischen Pfeilkreuzler*, mehr und mehr gegen sie richtete? Oder wollten sie nicht hinschauen?

Nur dass die ungarische Führung Verbündeter des Deutschen Reiches war, das wussten sie genau. Es war nicht bloß ein verbales Bekenntnis, Ungarn unterstützte die deutsche Wehrmacht bei ihrem Einmarsch in die Sowjetunion. Das Land versprach sich dadurch territoriale Vorteile, wenn der Krieg einmal gewonnen war. Davon gingen sie aus. Deutschland hatte in diesem Punkt auch bereits Wort gehalten und Ungarn einen Teil des besetzten Rumänien abgetreten: Transsylvanien.

Doch das Deutsche Reich verstärkte im Laufe der Kriegsjahre den Druck, alle Länder in seinem Einflussbereich sollten judenfrei werden. Mit den kriegerischen Auseinandersetzungen glaubten sie, die Vernichtung der europäischen Juden begründen und auch rechtfertigen zu können.

Anfangs hatte sich Ungarn noch gegen Deutschlands Absichten mit dem Hinweis wehren können, man betreibe gegenüber den Juden eine intensive Auswanderungspolitik (wobei die ungarische Regierung insgeheim darauf hoffte, dass sich diese Auswanderungen zeitlich hinziehen würden, da die Juden im Land für die Wirtschaft von großer Bedeutung waren). Um Deutschland aber entgegenzukommen, genehmigte man schließlich die Deportation der jüdischen Bürger in den neu besetzten Gebieten sowie derer, die aus umliegenden Ländern nach Ungarn geflohen waren.

Im Frühjahr 1944 beschloss Adolf Hitlers Regierung, noch stärker gegen Ungarn vorzugehen. Hitler wollte dieses Land als Verbündeten, und sei es durch Zwang. Und – er wusste um die Reichtümer Ungarns, auf die er Zugriff haben wollte.

Am 18. März 1944 bestellte Hitler den ungarischen Reichsverwalter Miklós Horthy nach Berlin und eröffnete ihm, wenn er einem freiwilligen Anschluss Ungarns nicht zustimme, würden die deutschen Truppen einmarschieren, die ungarische Armee entwaffnen und internieren.

Horthy gab dem Druck nach und bereits einen Tag später marschierten deutsche Einheiten in sein Land. Viele Menschen standen an den Straßenrändern der Städte und jubelten den deutschen Soldaten zu. Auch mit Flugzeugen rückte die Wehrmacht an. Die Bevölkerung konnte beobachten, wie sie auf den Flugplätzen landeten. Ein großer Teil der Ungarn war erfreut über die Entwicklung, viele betrachteten aber ihre Zukunft seit diesem Tag mit großer Angst.

Schon einen Tag später, am 20. März 1944, nahm SS-Obersturmführer Adolf Eichmann die Villa Aschner auf dem Rosenhügel in Budapest für sich in Beschlag. Von hier aus plante und koordinierte er mit einem Stab von zweihundert Mitarbeitern die »Endlösung der ungarischen Juden«.

In Ungarn lebten in dieser Zeit etwa 760 000 Juden. Aufgrund der prekären Kriegssituation hatte sich Eichmanns Auftrag leicht geändert. Stand anfangs die schonungslose Ermordung aller dieser Menschen im Mittelpunkt, so war er jetzt gehalten, die noch arbeitsfähigen Männer und Frauen herauszufiltern, um sie zur Zwangsarbeit in der deutschen Rüstungsindustrie zur Verfügung zu stellen. Mit Josef Mengele* und den anderen Ärzten, die in Auschwitz-Birkenau zuverlässig an der Rampe ihren Dienst taten, hatte man nach Eichmanns Ansicht in dieser Hinsicht beste Erfahrungen gemacht.

Dass die Ghettoisierung und schließlich die Deportation der ungarischen Juden so schnell und in Eichmanns Augen auch effektiv durchgeführt werden konnte, war der ungarischen Gendarmerie zu verdanken. Mit großer Überzeugung setzte sie Eichmanns Anweisungen in den Städten um. Von Mitte Mai bis Anfang Juli 1944 wurden mehr als 430 000 Menschen nach Auschwitz-Birkenau deportiert. Mehr als 300 000 von ihnen wurden unmittelbar nach ihrer Ankunft in den Gaskammern ermordet und ihre Leichen in den Krematorien und Verbrennungsgruben verbrannt.

Der Zug, der am frühen Morgen des 1. Juli in Auschwitz eintraf, war der erste an diesem Tag, zwei weitere folgten. In jedem der Züge befanden sich zwischen dreitausend und viertausend Menschen, die bei ihrer Ankunft nach drei Tagen Fahrt im Viehwaggon völlig entkräftet waren.

Eine von ihnen war Éva Fahidi mit ihrer Familie und der kompletten in Ungarn lebenden Verwandtschaft. Nur Éva und ihr Vater wurden zur Arbeit bestimmt. Alle anderen achtundvierzig Personen mussten noch am selben Tag ins Gas. Die Mutter, die kleine Schwester Gilike, die Cousine mit ihrem Baby, Onkel und Tanten.

Dienst während dieser Zeit hatte auch Unterscharführer Oskar Gröning. Wenn nicht direkt an der Rampe, so war er doch zuständig, das Geld der Familie zu zählen und deren Habseligkeiten, die sie bis hierher mitgebracht hatten, zu verwalten. Er kannte den Weg, den die meisten Menschen an diesem Tag gehen würden, und er wusste, dass die, die man zur Arbeit zwang, keine lange Überlebenschance hatten.

Obwohl der Arbeitsaufwand in diesen Frühjahrs- und Sommermonaten größer war als in den Monaten zuvor, waren die Arbeitsabläufe für ihn Routine geworden.

Versetzung

Die ganzen Sommermonate des Jahres 1944 hatte Oskar Gröning enorm viel zu tun. So viel Geld wie in dieser kurzen Zeitspanne war noch nie über seinen Schreibtisch gewandert. Überstunden waren in diesen Tagen und Wochen für alle die Regel, so auch für ihn.

Hinzu kam, dass er wieder zum Rampendienst eingeteilt wurde. Widerspruch bei seinen Vorgesetzten hatte keinen Sinn. In dieser Zeit mussten alle SS-Männer, auch die von der Häftlings-Eigentums-Verwaltung, Rampendienst leisten, Ausnahmen gab es nicht. An manchen Tagen musste Gröning sogar rund um die Uhr arbeiten.

Die Dienste an der Rampe mochte er nicht, er versuchte zu verdrängen, was er dort gesehen und gehört hatte. Das Verdrängen war ihm zur Gewohnheit geworden. Genau wie das Wegschauen und Weghören, wenn Mütter nach ihren Kindern schrien und Kinder nach ihren Müttern, wenn Alte und Schwache auf LKWs geladen und direkt zu den Verbrennungsgruben gefahren wurden, andere sich in Reih und Glied aufstellen mussten und ihren letzten Weg zu den Gaskammern und Krematorien antraten.

Gröning, der Gehorsam von Kindesbeinen auf gelernt hatte, führte die Befehle, die er bekam, einfach aus.

Er kannte das alles, hatte es oft genug gesehen. Doch in diesem Sommer 1944 waren es wesentlich mehr Transporte als in all den Jahren zuvor. Kaum war die Rampe leer, der Zug abgefahren, traf ein neuer ein. Die Gaskammern und Krematorien konnten die Vielzahl der Menschen oft nicht schnell genug aufnehmen, um sie zu ermorden und zu verbrennen. So warteten die Leute in einem kleinen Birkenwäldchen, zu dem ein See gehörte, bis sie an die Reihe kamen. Das Wäldchen war für die Menschen das Wartezimmer zum Tod. Nur glauben konnten sie es nicht. Wie denn auch? Man hatte ihnen ja versprochen, sie würden ihre Familienmitglieder wiedertreffen.

Irgendwann im September – die Ungarn-Aktion war lange abgeschlossen – bekamen Oskar Gröning und andere SS-Männer den Auftrag, am folgenden Tag ein jüdisches Ghetto zu räumen und alle Bewohner zu vernichten. Vernichten! Das war die Sprache der SS für rücksichtsloses Ermorden. In diesem Fall aller Bewohner des Ghettos. Männer, Frauen, Kinder, Alte.

Oskar Gröning stutzte. Wenn ich mich daran beteilige, überlegte er, dann nehme ich zum ersten Mal an einer direkten Tötungsaktion teil.

Das konnte er nicht, das wollte er nicht. Nur – wie konnte er sich dem Befehl entziehen?

Zunächst einmal beschloss er, die folgende Nacht nicht in der Unterkunft zu verbringen. Als er am anderen Morgen dort eintraf, war das Kommando schon losgezogen, ohne ihn. Eine Bestrafung für sein Fernbleiben erfolgte nicht.

Oskar Gröning geriet ins Grübeln. Bisher hatte er sich an den direkten Tötungen der Menschen, die in Auschwitz eintrafen, nicht beteiligt. So sah er das. Doch würde er sich auf Dauer solchen Befehlen entziehen können? Er war sich nicht sicher.

In den zwei Jahren, in denen er nun schon im Lager seinen Dienst tat, hatte er die Arbeit akzeptiert, sie wie etwas Unabänderliches hingenommen. Vielleicht auch aus lauter Bequemlichkeit. Er hatte seinen Schreibtisch, zählte Geld, brachte es nach Berlin und gelegentlich stand er auf der Rampe, bewachte das Gepäck der Deportierten.

Sollte nun eine neue Aufgabe auf ihn zukommen?

Es gab aber noch eine andere Frage, die ihn beschäftigte, über die er jedoch nie offen reden konnte, allenfalls mal hinter vorgehaltener Hand und auch nur mit wenigen, denen er vertraute.

Er ging davon aus, dass die Rote Armee dem Lager Woche für Woche näher kam. Man munkelte bereits darüber, aber niemand wagte, es offen auszusprechen.

Was würden die Soldaten der Roten Armee mit den SS-Männern machen, die sie im Lager anträfen? Umgeben von Abertausenden Beweisen für das, was an diesem Ort geschah?

Es ist sicher gut, überlegte Oskar Gröning, zu diesem Zeitpunkt nicht mehr im Lager zu sein.

Zum dritten Mal stellte er deshalb einen Antrag auf Versetzung an die Front. Am 17. Oktober 1944 war es schließlich soweit. Er kam zu einer Feldeinheit, die in der Ardennenoffensive kämpfte.

Gefangenschaft

Oskar Gröning kämpfte nun als Soldat in einer Feldeinheit im Rahmen der Ardennenoffensive gegen die Amerikaner. Mit einem Angriff im Spätherbst 1944, der ein letztes Aufbäumen der Wehrmacht war, wollte Hitler die Alliierten zu Verhandlungen zwingen. Doch es lief anders. Nachdem die Wehrmacht die Amerikaner zunächst auf einer breiten Front bis nach Belgien hinein zurückgedrängt hatte, kam es zu einer blutigen und viele Menschenleben kostenden Schlacht, in der die deutschen Soldaten besiegt wurden. Oskar Gröning wurde bei diesen Kämpfen verwundet und landete in einem Lazarett.

Nach der Kapitulation Deutschlands nahmen ihn britische Soldaten in Gefangenschaft. Zunächst wurde er in einem deutschen Kriegsgefangenenlager interniert, bevor er 1946 nach England in ein britisches Gefangenenlager gebracht wurde.

Nicht nur Gröning, sondern alle Soldaten wurden von einem britischen Komitee über ihre Rolle während der NS-Zeit befragt. Oskar Gröning wusste, dass er hier nicht die Wahrheit sagen durfte. Seine Zugehörigkeit zum SS-Personal in Auschwitz, überlegte er, würde bei den Engländern sicher »keine positiven Reaktionen« hervorrufen. Deshalb erwähnte er Auschwitz mit keinem Wort und behauptete, lediglich als Soldat am Krieg teilgenommen zu haben. Er wusste, dass »die Dinge, die in Auschwitz passierten, nicht unbedingt im Einklang mit den Menschenrechten standen.«

Wie die Menschenrechte mit Füßen getreten wurden, hatte die britische Armee bereits gesehen, als sie Bergen-Belsen befreite. Tausende von Toten fanden sie vor und viele der noch Lebenden starben in den kommenden Tagen und Wochen. Nein, mit den Menschenrechten war das nicht vereinbar. Das war Oskar Gröning schon bald klar. Deswegen schwieg er zu Auschwitz.

Die meisten Verantwortlichen für den Holocaust waren entkommen oder untergetaucht. Selbst Rudolf Höss folgte dem letzten Befehl Heinrich Himmlers, sich schnell noch kämpfenden Truppen anzuschließen, neue Identitäten zuzulegen und damit unterzutauchen. Höss schlüpfte in die Rolle eines Marinesoldaten, bevor er sich nach Kriegsende unter dem Namen Franz Lang als Knecht auf einem Bauernhof in der Nähe von Flensburg verdingte.

Adolf Eichmann nutzte seine internationalen Kontakte und setzte sich nach Argentinien ab. Ebenso Josef Mengele.

Oskar Gröning führte in seiner Zeit in England ein beschauliches Leben, wie er es selber nannte. Nicht als Kriegsgefangene wurden sie von der Bevölkerung betrachtet, sondern als »german workers«. Der Zaun, der sie anfangs im Lager umgab, wurde mit der Zeit entfernt. Die Verpflegung war ausreichend und, wie Oskar Gröning meinte, sehr köstlich. Außerdem bekamen sie Zigaretten. Wer sich von den Gefangenen noch etwas dazuverdienen wollte, konnte das bei einem Bauern in der Gegend tun. Oft wurden sie zusätzlich mit Lebensmitteln entlohnt.

Im Laufe der Zeit bildete sich im Lager eine Theatergruppe, die regelmäßig kleinere Stücke aufführte. So hatten die Gefangen, wie Gröning es empfand, ein angenehmes bürgerliches Leben. Alles war gut zu ertragen.

Oskar Gröning entdeckte wieder seine Leidenschaft für Gesang und schloss sich einem Chor an. Deutsche Volkslieder übten sie ein und wagten sich schließlich auch an englisches Liedgut. Mit der Zeit hatten sie ein ansehnliches Repertoire zusammen, mit dem sie auf Tournee gingen. Sie reisten durch Dörfer und Städte in Mittelengland und Schottland, absolvierten ihr Programm und, anstatt, wie es für Gefangene eigentlich üblich war, in einer Sammelunterkunft zu schlafen, wurden sie von englischen und schottischen Gastfamilien zum Übernachten eingeladen. Jeder wollte einen Deutschen beherbergen. Nach einem üppigen Frühstück am nächsten Morgen setzten sie ihre Tournee fort. Was für eine herrliche Zeit, dachte Oskar Gröning oft.

Seine wahre Identität konnte er lange Zeit verheimlichen. Niemand im Lager erfuhr, dass er in Auschwitz gewesen war. An diese Zeit wollte er auch gar nicht mehr denken.

Am 6. März 1947 tauchte sein Name auf einer Liste der UNITED NATIONS WAR CRIMES COMMISSION* auf. Insgesamt waren dort 300 Namen von Männern aufgelistet, die in Auschwitz Dienst getan hatten. Die polnische Regierung wollte sie vor Gericht stellen und beantragte die Auslieferung oder ein Verfahren gegen die ehemaligen SS-Leute in England.

Die Tötung in Gaskammern, Menschenversuche und Misshandlungen von Menschen wurden ihnen zur Last gelegt. Zu allen Namen gab es offenbar schon hinreichende Ermittlungsergebnisse. In Grönings Akte stand, dass ihm Mittäterschaft bei Mord und Misshandlungen vorgeworfen werde.

Am 20. April 1947 wurden die Unterlagen bei einem Londoner Gericht eingereicht. Das Gericht musste entscheiden, ob gegen die Personen formelle Anklage erhoben werden solle.

Am 24. April 1947 teilte das britische Außenministerium der UNITED NATIONS WAR CRIMES COMMISSION mit, man werde keine Verfahren einleiten. Deutschland befinde sich im Wiederaufbau und das habe Vorrang. Gegen die Proteste aus Polen und Jugoslawien entschied die UNITED NATIONS WAR CRIMES COMMISSION, alle verdächtigen SS-Männer ohne weiteres Verfahren freizulassen.

Oskar Gröning kehrte zurück in seine Heimatstadt Nienburg.

Ein bürgerliches Leben

Oskar Gröning war, als er 1947 nach Hause kam, bereits Vater. Sein Sohn Gerhard, benannt nach dem im Krieg gefallenen Bruder, wurde 1944 geboren.

Die junge Familie wohnte vorerst in Nienburg bei den Schwiegereltern von Oskars Vater. Die Wohnverhältnisse waren bescheiden, aber sie waren zusammen.

An einem Tag, als die ganze Familie am Tisch saß, sagte die Schwiegermutter des Vaters zu Oskar: »Ja, weiß ich denn, ob ich hier mit einem Mörder zusammensitze? Du warst doch in Auschwitz!«

Oskar Gröning reagierte sehr aufgebracht, schlug mit der flachen Hand auf den Tisch und brüllte laut und vernehmlich: »Ich sitze hier, weil ich nicht schuldig bin! Ich war kein Täter! Insofern bin ich ein ehrenvoller Mensch! Und außerdem möchte ich nicht, dass das Thema ›Auschwitz‹ noch einmal hier angesprochen wird, sonst ziehe ich aus!«

So sah er das, er fühlte sich nicht schuldig. Er war ja schließlich nicht an den Morden beteiligt gewesen. Er betrachtete sich als ein kleines Rädchen im Gesamtgetriebe des Konzentrationslagers. Er hatte ja nur das Geld gezählt. Das stand in seinen Gedanken über Auschwitz immer im Mittelpunkt. Weil er nur Geld gezählt hatte, war er unschuldig. Dass er sich an dem Geld auch bereicherte, tat für ihn nichts zur Sache. Das hatten viele getan.

Die Vergangenheit war für ihn tabu. Dass die Auschwitz-Zeit nicht angesprochen werden durfte, verlangte er auch gleich nach seiner Rückkehr aus der Gefangenschaft von seiner Frau: »Mädchen«, sagte er zu ihr, »frag mich nicht!«

Daran hielt sie sich. Auch in der Nachbarschaft, im Wohnort und später auf der Arbeit erfuhr niemand etwas über seine Vergangenheit.

»Jeder, der in Auschwitz war, dort gearbeitet hatte, egal in welcher Position, ob als Wachmann, am Schreibtisch oder als jemand, der die Dosen mit dem Zyklon B in die Öffnungen der Gaskammern schüttete, hatte nicht das Gefühl, es unbedingt allen auf die Nase binden zu müssen, wo er war. Das hätte vielleicht zu unangenehmen Fragen führen können«, gestand er in einem späteren Interview mit der BBC*.

Oskar Gröning bekam in seiner Heimatstadt Nienburg eine Stelle als Buchhalter in einer Glasfabrik. In den Nachkriegsjahren expandierte die Firma, Gröning arbeitete sich zum Personalchef hoch. Sein Name und sein Engagement für die Firma waren offensichtlich weithin bekannt, denn er wurde vom niedersächsischen Sozialministerium zum ehrenamtlichen Richter am Arbeitsgericht in Nienburg berufen. Zwölf Jahre übte er diese Tätigkeit aus. In einem Interview betonte er, dass dafür seine Erfahrungen in der Hitlerjugend und der SS hilfreich gewesen seien. Dort habe er die Tugenden Ordnung und Disziplin gelernt.

Oskar Gröning blendete seine Zeit in Auschwitz komplett aus seinem Leben aus. Er hatte nie etwas von den Frankfurter Auschwitz-Prozessen gehört, Berichte oder Filme über diese Zeit schaute er sich grundsätzlich nicht an. Das interessierte ihn nicht, davon wollte er nichts hören und nichts wissen. Für ihn zählten nur die Gegenwart und die Zukunft. Er wollte das Beste für sich und seine Familie in diesem Leben erreichen. Dafür arbeitete er. Die Familie und ihr Wohlergehen standen für ihn im Mittelpunkt. Seine Familie, die nun größer geworden war – der zweite Sohn Wolfgang kam dazu –, war für ihn alles. Etwas anderes zählte nicht.

Als Gerhard und Wolfgang Ende der 1960er Jahre in dem Alter waren, Fragen nach der Vergangenheit des Vaters zu stellen, schwiegen sie, obwohl es Fragen hätte geben müssen. Sie wussten, der Vater war in Auschwitz gewesen. Doch dieses Thema war mit einem großen Tabu behaftet.

Erst zu einem späteren Zeitpunkt sollte sich das ändern.

Ein entscheidender Augenblick

Auf seinen Spaziergängen wurde Oskar Gröning oft von seinem Dackel begleitet. Er kam auch zu ihm, wenn er im Sommer, nach Dienstschluss, im Garten auf seiner Liege lag und die Sonnenstrahlen genoss. So nebeneinander liegend, fühlten beide sich wohl.

In seiner Freizeit war Gröning aber auch ein leidenschaftlicher Briefmarkensammler. Stunden um Stunden verbrachte er damit, sie in seinen Alben nach verschiedenen Kriterien zu sortieren. Er war sogar extra in den Philatelistenverein in seiner Heimatstadt eingetreten, um sich gelegentlich mit Kollegen zum Plausch und Briefmarkentausch zu treffen. Wann immer er Zeit hatte, nahm er an den Jahreshauptversammlungen des Vereins teil. So auch im Jahr 1985.

Während dieser Versammlung kam er mit einem anderen Sammler ins Gespräch. Bisher kannten sie sich noch nicht, das sollte sich aber ändern. Zunächst redeten sie einfach nur über ihre Briefmarkensammlungen, später wurden auch politische Themen angesprochen. Plötzlich sagte sein Gegenüber: »Es ist unglaublich, dass jetzt schon Leute strafrechtlich verfolgt werden, die den Holocaust leugnen, obwohl der doch tatsächlich nie stattgefunden hat.« Es sei undenkbar, so viele Menschen mit Gas zu ermorden und sie anschließend zu verbrennen. »Seien Sie ehrlich, Gröning, das ist doch unmöglich!«

Oskar Gröning schaute den Mann an, zögerte noch einen

Augenblick, bevor er ihm antwortete: »Ich weiß da etwas mehr. Wir können bei Gelegenheit mal darüber reden.«

Sein Gesprächspartner schenkte ihm das Buch von Thies Christophersen*, »Die Auschwitz-Lüge«*.

Gröning nahm das Buch mit nach Hause, blätterte es durch, las darin und schüttelte den Kopf, weil er nicht fassen konnte, was da stand. Er nahm ein Blatt Papier und schrieb, dass der Holocaust sehr wohl stattgefunden habe, und über 1,5 Millionen Menschen seien in Auschwitz ermordet worden. Er könne das deswegen mit Gewissheit behaupten, weil er dabei gewesen sei.

In der Folgezeit bekam Oskar Gröning Briefe und Anrufe von Menschen, die er nicht kannte. Die meisten wollten ihm nicht glauben, behaupteten, der Holocaust sei eine Erfindung. Selbst Dokumentarfilme stellten sie infrage. »Alles nachgestellt«, behaupteten sie.

Aber Oskar Gröning blieb bei seiner Haltung. Doch die Sätze, die er an den Autor des Buches geschrieben hatte, beschäftigten ihn nun, er konnte sich nicht mehr dahinter zurückziehen. Zum ersten Mal hatte er sich zu seiner Vergangenheit bekannt.

Fragen tauchten auf, die er Jahrzehnte verdrängt hatte, jetzt arbeiteten sie in ihm.

- Bin ich ein Täter?
- Bin ich ein Mittäter?
- Trage ich eine Schuld in mir oder bin ich unschuldig?
- Oder ist es doch so, dass ich weder Täter noch Mittäter bin?

Fragen, die ihn umtrieben, ihn unruhig machten, Fragen, auf die er Antworten suchte, aber keine fand.

Vielleicht kann ich alles erklären, überlegte er, setzte sich hin und fing an zu schreiben. Er schrieb sein Leben auf, so, wie er es sah. Er schrieb viele Seiten voll, die er zum Schluss zu einem Buch binden ließ. In dem Buch suchte er nach Antworten auf seine Fragen, gab Erklärungen ab. Er wollte sich damit ins rechte Licht rücken. Vor seinen Söhnen, denn für sie war das Buch bestimmt. Er hoffte, bei ihnen auf Verständnis zu stoßen, hoffte auf Fragen. Denn nur wer fragt, der interessiert sich auch, dachte Gröning. Er wollte Antworten geben, seinem Gegenüber und vor allem sich selbst.

Nur Wolfgang reagierte, machte ein paar Randnotizen in die Aufzeichnungen. Es gab kein Gespräch. Der Vater bezog Stellung. Schriftlich.

Oskar Gröning ließ weitere Exemplare des Buches drucken, verteilte sie im Freundes- und Bekanntenkreis. Auch hier hoffte er auf Fragen, die zu beantworten er bereit war. Aber er hatte auch eine stille Hoffnung: die auf Vergebung. Doch zunächst wollte er verstanden werden, wollte sich nicht mehr hinter seinem Schweigen verstecken. Er legte sich Erklärungen auf mögliche Fragen zurecht. Ob er sich vor einem Gericht nicht hätte als Täter oder wenigstens Mittäter verantworten müssen? Darauf gab es für ihn nur ein klares Nein. Allein die Zugehörigkeit zur SS, die einen bestimmten Einsatzort hatte, reiche dafür nicht aus. Schließlich habe man sich im Krieg befunden und da hätte man eben an verschiedenen Fronten gekämpft. Jeder habe seinen Dienst dort versehen, wo man ihn hin befahl.

Oder auf die Frage, ob er kein Mitleid mit den Menschen empfunden habe. »Es ging mir nahe, besonders die Tötung des

Babys, die ich mit ansehen musste. Doch wir waren im Krieg. Die Juden waren unsere Feinde. Das hat man uns immer deutlich gemacht!« Auch diese Antwortsätze legte er sich zurecht.

Nur einer aus seinem Freundeskreis kommentierte Grönings Zusammenfassung über seine Zeit in Auschwitz: »Da hast Du ja ganz schön was mitgemacht, Oskar.«

Mehr kam nicht.

Oskar Gröning wurde zu einer öffentlichen Person. Dem SPIEGEL gab er 2005 ein ausführliches Interview und für den englischen Sender BBC stand er neun Stunden vor den Kameras. Er war sicher, dass er das tun konnte. Er rechnete nicht damit, dass eine Staatsanwaltschaft noch einmal gegen ihn ermitteln würde. Das war in seinen Augen vorbei. Einmal wurde ein Verfahren eingeleitet, aber wieder eingestellt. Nun sah er für sich die Zeit gekommen, sich an die Öffentlichkeit zu wenden.

»In meinem Alter will ich dazu stehen, was passiert ist«, erklärte er. Für alle, die immer noch Zweifel am Holocaust hatten, formulierte er in dem BBC-Interview folgende Schlusssätze:

»Ich habe die Gaskammern gesehen, ich habe die Krematorien gesehen, ich habe die offenen Feuerstellen gesehen – und ich möchte gerne, dass du mir glaubst, dass diese Schrecklichkeiten passiert sind. Ich war dabei!«

Zweiter Teil

Die Ungarn-Aktion

Man musste irgendwie versuchen,
ein menschliches Herz zu bewahren,
um diese Zeit als Mensch zu überstehen.

Yehuda Bacon, Auschwitz-Überlebender

Zugfahrt nach Auschwitz II

Der 20. Juni 1944 war ein heißer Tag in Debrecen. Die ungarische Gendarmerie tauchte im Ghetto auf. Die Evakuierung begann. Die Gendarmen trieben die Ghettobewohner durch die Straßen der Stadt bis zur Ziegelei. Auf den Bürgersteigen und an den Straßenrändern standen Menschen, die ihnen hinterher brüllten. »Raus mit ihnen!« »Weg von hier!« Beifall wurde geklatscht. Offenbar waren die meisten froh, dass die Leute aus dem Ghetto das Land verließen, denn sie waren ja schließlich nur Juden und damit seit einiger Zeit nicht mehr gerne gesehen in dem Land. Andere standen teilnahmslos da, schauten einfach nur zu. Ob sie nicht begriffen, was vorging?

Éva Fahidi musste darauf achten, dass sie ihre Familie nicht aus den Augen verlor. Es war ein langer Zug von Menschen, der durch die Straßen getrieben wurde. Sie schaute sich um, ihre Familie war noch da. Sie fasste mit an den Korb, in dem das sechs Monate alte Baby ihrer Cousine lag. Als sie sich noch mal umschaute, entdeckte sie auch ihren Onkel Antal. Was hatte man mit ihm gemacht? Sie erkannte ihn kaum wieder. Fast bis zur Unkenntlichkeit hatten die Gendarmen ihn verprügelt, weil sie erfahren wollten, wo er sein Gold versteckt hielt. Das versuchte er ihr unter Schmerzen zu erklären.

Am 27. Juni war es soweit. Auf einem Bahngleis neben der Ziegelei hielt ein Zug. Doch es war kein Personenzug, wie die Menschen mit Entsetzen feststellten, es waren Viehwaggons.

Die Türen wurden geöffnet. Éva und ihre Familie standen weit vorne am Bahnsteig, sie stiegen früh ein und versuchten, ihre Gepäckstücke so zu stellen, dass sie drauf sitzen konnten. Draußen herrschte ein großes Gebrüll und Gedränge, immer mehr Menschen wurden in den Waggon gepfercht. Mindestens achtzig Personen drängten sich dicht an dicht zusammen. Man konnte sich nicht bewegen, ohne gegen jemanden zu stoßen.

In dem Waggon gab es weder Trinkwasser noch eine Toilette. In einer Ecke stand lediglich ein Eimer für die Notdurft und dann gab es noch einen zweiten Eimer, in dem es zwar Wasser gab, aber war es genießbar? Die Luft war drückend heiß. Das Atmen fiel den Menschen schwer.

Der Zug setzte sich in Bewegung. Évas Eltern versuchten, nicht nur den Verwandten, sondern auch den anderen Mitreisenden Mut zu machen, nicht aufzugeben. Natürlich sei die Fahrt jetzt beschwerlich, doch man werde sie bestimmt an einen Ort bringen, an dem sie neu beginnen könnten. Einen Ort, an dem sie arbeiten würden. Schließlich habe man ja doch einiges für dieses neue Leben mitnehmen können.

Manche hielten die Situation nicht aus, sie fingen an zu schreien. Sie schrien, bis sie vor Erschöpfung verstummten.

Éva schaute sich um. Sie sah, wie ihr Onkel, den die Gendarmen so übel zugerichtet hatten, fast regungslos auf dem Boden lag. Er brauchte Hilfe! Man konnte ihn doch nicht einfach so liegenlassen! Kurze Zeit später war er tot. Einfach gestorben.

Der Zug fuhr langsam. Die Hitze in dem Waggon war unerträglich. Sie kamen fast um vor Durst. Der Onkel war nicht der einzige Tote, als sie nach drei Tagen ankamen.

Vorher machte der Zug aber in Kaschau Zwischenstation. Die Türen der Waggons wurden aufgerissen, der Eimer für die Notdurft wurde ausgetauscht und sie bekamen auch einen Eimer mit frischem Wasser.

Plötzlich tauchten Gewehrläufe auf. »Alle, die noch Gold haben, sofort herausrücken damit! Wenn nicht innerhalb von fünf Minuten alles abgeliefert wurde, dann schießen wir in den Waggon!« Niemand zweifelte daran, dass sie tatsächlich schießen würden.

Tatsächlich hatten einige es geschafft, Gold in Jacken- und Rocksäumen zu verstecken. Widerwillig übergaben sie ihre letzten Schätze.

Die Waggontüren wurden wieder verschlossen, die Fahrt ging weiter. Gilike, Évas Schwester, die neben einer kleinen Öffnung an der Seite saß, streckte ihre Hand nach draußen und winkte.

»Wem winkst du da?« wollte Éva wissen.

»Dem Onkel Laci Falk, der war draußen am Bahndamm, dann hat er sich runterrollen lassen«, antwortete Gilike, als sei das vollkommen selbstverständlich. Éva schüttelte den Kopf. Wie sollte das möglich sein? Oder hatte die Schwester einfach nur fantasiert?

Der Zug hielt erneut. Wo waren sie gelandet in diesen frühen Morgenstunden des 1. Juli. Niemand wusste es, man hoffte nur, dass sie jetzt aussteigen könnten, man ihnen Unterkünfte zuwies und Arbeit gab. Sinnvolle Arbeit. Darauf hofften sie.

Die Waggons wurden geöffnet, Menschen in gesteiften Jacken und Hosen forderten sie lautstark auf, auszusteigen. Als Éva nach dem Gepäck griff, wurde ihnen gesagt, dass sie alles im Zug lassen sollten, man werde es ihnen auf LKWs ins Lager bringen, wo sie es später wiederbekommen würden.

Männer in Uniform standen da, die meisten mit Gewehren. Einige etwas abseits. Sie standen einfach nur da und schauten. Sonst taten sie nichts. Hatten sie keine Augen im Kopf? Sahen sie nicht, was mit den Angekommenen passierte?

Éva achtete darauf, dass sie bei ihrer Familie blieb. Sie half ihrer Cousine, den Korb mit dem Baby zu tragen. Das kleine Kind war vollkommen ausgetrocknet. Éva schaute zu ihrer kleinen Schwester. Gilike hatte die ganze Fahrt über nicht geweint, sie hatte nicht geklagt, sie hatte Éva nur mit ihren großen dunklen Augen angeschaut. Ich habe doch nichts Schlimmes getan, sollten die Blicke sagen. Blicke, die Éva nie vergessen würde.

Auf der Rampe ging alles ganz schnell. Ehe Éva es bemerkte, waren Männer und Frauen voneinander getrennt. Wo war ihr Vater plötzlich abgeblieben? Sie schaute sich um, konnte ihn aber nirgendwo entdecken. War er dort drüben bei den Männern? Was würde mit ihm geschehen? Warum konnten sie nicht zusammenbleiben?

»In Fünferreihen aufstellen!«, lautete ein Befehl und jetzt achtete sie darauf, dass sie wenigstens mit ihrer Mutter, der Schwester, der Cousine und den Tanten zusammen blieb.

Langsam bewegte sich die Gruppe weiter, bis sie vor einem SS-Mann standen, der in Évas Augen zunächst attraktiv schien. Sie schaute den Mann an und hatte spontan das Gefühl, ihm vertrauen zu können. Sein Gesicht verriet nichts Böses und er stand auch einfach nur ganz ruhig da, zeigte mit dem Daumen mal in die eine Richtung, mal in die andere.

Doch dieser Fingerzeig entpuppte sich für Éva als große Tragödie. Während sie als Einzige ihrer Familie und auch der Verwandtschaft in die Richtung gehen musste, die für die Arbeitsfähigen gedacht war, trat der Rest der Familie den letzten Weg an. Eva wusste das zu diesem Zeitpunkt natürlich noch nicht und die Familie wusste es sicher auch nicht.

Erst später erfuhr sie, dass der Mann an der Rampe, der mit dem Daumen entweder in die eine oder die andere Richtung zeigte, Dr. Josef Mengele war. Er war es, der sie von ihrer Familie getrennt hatte. Bis zu diesem Moment hatte sie noch nicht geahnt, welche Folgen die Trennung für sie haben würde. Noch hatte sie ja geglaubt, später im Lager alle wiederzutreffen, so wie man es ihnen bei der Ankunft gesagt hatte.

Nach der langen Zugfahrt tat es gut, die steifen Glieder wieder zu bewegen. Es war früh am Morgen, die Sonne ging gerade auf, ein neuer Tag begann. Éva hatte die Hoffnung, dass nun alles besser werden würde. Sie wären wieder zusammen, würden arbeiten, könnten wieder nach vorne blicken.

War es bisher auf der Rampe noch halbwegs ruhig zugegangen, auch wenn viel gebrüllt und geschrien wurde, so änderte sich das in dem Moment, als Éva von der Familie getrennt war, schlagartig. Aufseherinnen übernahmen die Gruppe, brüllten die Frauen an, schlugen mit ihren Peitschen nach ihnen, versetzten ihnen Fußtritte und überall um sie herum bellten Hunde. Schäferhunde.

Sie wurden in ein Gebäude geführt. Im ersten Raum mussten sie sich ausziehen, dann weitergehen, im nächsten Raum wurden sie geschoren, die schönen langen Haare fielen zu Boden, wieder weitergehen, im Raum danach wurden ihnen die restlichen Körperhaare entfernt, weitergehen, danach wurden sie desinfiziert. So nannten es die Aufseher. Das Desinfektionsmittel war eigentlich für Tiere bestimmt.

Da stand Éva, splitternackt. Um sie herum andere Mädchen und Frauen, die sie zunächst nicht erkannte. Wie auch. So hatten sie sich noch nie gesehen. Sie bekamen ihre gestreifte Häftlingskleidung.

Als Menschen hatten sie den Raum noch betreten, als Häftlinge, Namenlose, als ein Nichts verließen sie ihn.

Schoschanka

Éva war körperlich und seelisch vollkommen angespannt. Nicht nur sie, auch die anderen Mithäftlinge wussten nicht, was im nächsten Augenblick passieren würde. Alles schien ihr so unberechenbar, so willkürlich und unfassbar. War das um sie herum alles Wirklichkeit oder nur ein schlechter Traum? Doch aus einem Traum konnte man wieder aufwachen und alles wäre so wie immer, sie wäre wieder mit der Familie in ihrem Haus in Debrecen. Nein, ein Traum war das nicht. Jedes Geräusch, jeder Blick verriet ihr, dass sie in einer ihr völlig fremden Welt war. Einer furchtbaren Welt, wie sie nicht einmal in ihren schlimmsten Albträumen vorkam. Wo war sie?

Sie wartete, wartete darauf, dass ihre Familie, ihre Verwandten endlich kommen würden. Das hatte man ihnen doch gesagt! Oder konnte man sich hier auf nichts mehr verlassen? Sie wusste es nicht. Eine Leere erfasste sie, eine angespannte Leere.

Zwei Tage war sie nun schon in der Baracke. Seit zwei Tagen musste sie nun schon das Geschrei der Kapos und der Wachen ertragen. Sie hatte das Gefühl, niemand redete hier in einem normalen Tonfall, immer wurde nur geschrien.

Dazu kamen der Hunger, der Durst, der ganze Dreck in der Baracke. Sie ekelte sich, schließlich kam sie aus gutem Hause. Und dann war da noch dieser Gestank. Es war nicht nur der Geruch von den verschwitzten und verschmutzten Kleidern, in denen sie steckten, es war auch nicht nur der moderige Geruch der Matratzen und der verlausten Decken. Der Gestank drang von draußen durch die Öffnungen und kleinsten Ritzen in die Baracke. Es war ein undefinierbarer Gestank, ein Gestank, den weder Éva noch die anderen neu angekommenen Häftlinge kannten.

In diesen ersten zwei Tagen hatte sie den Tagesablauf im Lager schon kennengelernt. Morgens in aller Frühe mussten sie zum Morgenappell antreten, immer fünf Frauen nebeneinander. Selbst Kranke mussten mit raus und auch die, die in der Nacht gestorben waren. Mithäftlinge packten sie in eine Decke, die Arme baumelten heraus, und so reihten sie sie zwischen den Lebenden ein.

Éva dachte, dass es doch einfach sein müsse, die Reihen schnell durchzuzählen und das Ergebnis mit fünf zu multiplizieren. Doch die Appelle dauerten ewig.

Morgens wurde es in der Sonne schon warm. Dazu kamen Hunger und Durst. Vom langen Stehen schmerzten die Füße, die Beine. Sie waren einfach erschöpft, doch sie mussten stehenbleiben, bis die Kapos mit dem Abzählen durch waren.

Abends wiederholte sich die Prozedur. Wieder stehen, wieder warten und dazu die Hitze ertragen. Sie wusste nicht, was schlimmer war: die Hitze, der Durst, der Hunger, die Erschöpfung oder die Unsicherheit, was als Nächstes kommen würde.

Am Abend des zweiten Tages war Éva ganz unruhig. Wo war ihre Familie, wo blieben ihre Verwandten? Niemand war bislang eingetroffen. Gab es jemanden, den sie fragen konnte? Die Mithäftlinge schieden aus, die würden ihr keine verlässliche Auskunft geben können.

Auch das Gepäck hatte man ihr noch nicht gebracht. Wo

war es? Warum gaben sie ihr nicht wenigstens das Gepäck? Ihren Koffer, den Koffer der Mutter und den ihrer Schwester. Wie gerne hätte sie etwas von dem Inhalt in der Hand gehalten, wenn ihre Familie schon nicht selbst da war. Eine Bluse der Mutter oder ein Tuch der Schwester.

Ob sie es wagen sollte, Schoschanka, die Blockälteste*, nach den Eltern, der Schwester und den Verwandten zu fragen? Sie zögerte. Schoschonka konnte sehr laut und launisch werden. Aber wer blieb sonst übrig? Sie musste unbedingt eine Antwort haben.

Éva nahm all ihren Mut zusammen.

Kaum hatte sie ihre Frage ausgesprochen, lachte Schoschanka laut auf.

»Was, du wartest immer noch auf deine Eltern und deine Verwandten?« Sie schüttelte den Kopf, als könne sie es nicht fassen, wie naiv Éva war.

»Schau hinaus zu den Kaminen! Dort im Rauch, dort sind deine Verwandten!«

Éva war fassungslos.

»Was sagst du da? Warum erzählst du mir so unglaubliche Sachen?«

Schoschanka schaute sie mit ernster Miene an.

»Ich bin seit 1942 hier«, sagte sie bitter, »du hattest da noch ein schönes Leben. Du hattest deine Familie, du hattest Freundinnen und Freunde, du konntest zur Schule gehen, du hast Musik gemacht, du konntest davon träumen, welchen Beruf du gerne lernen würdest, du hattest diese ganze Zeit über noch ein schönes Leben, deine wunderbaren Jugendjahre. Das alles hattest du, als ich schon hier war!«

Sie machte eine kurze Pause, ehe sie weiter erzählte.

»Wir waren damals sechs Geschwister, die hier nach Birkenau deportiert wurden. Ich konnte sie nicht retten, keinen von ihnen. Ich bin die Einzige, die noch lebt. Und ich möchte das hier überleben, verstehst du?«

Schoschanka drehte sich um und ging in ihre Kammer neben der Eingangstür.

Éva dachte lange darüber nach, was Schoschanka erzählt hatte. Wie konnte man das aushalten, fünf Geschwister zu verlieren, zu wissen, dass sich ihre Körper in Rauch aufgelöst hatten?

Und sie, Éva, konnte sie Schoschanka glauben, was die über ihre Familie erzählt hatte? Sollten sie wirklich tot sein? Éva beschloss, die Hoffnung noch nicht aufzugeben.

Die junge Éva Fahidi

»Es war einmal ein Mädchen namens Éva.« Mit diesem Satz begann der Vater der kleinen Éva jeden Abend, wenn er sie ins Bett brachte, eine Geschichte zu erzählen. Der Vater las nie vor, er erzählte lieber. Vorgelesen bekam sie tagsüber. Bevor der Vater sie ins Bett trug, hatte sie gebadet und zum Trockenreiben stellte er sie auf den Tisch. Éva liebte dieses Ritual. Sie mochte es, wenn der Vater abends Zeit für sie hatte. Dann war er entspannt, schaute nicht so grimmig wie oft tagsüber, wenn er zum Essen nach Hause kam. Die Geschichten, die er erzählte, hatten immer einen wahren Hintergrund. Sie handelten von fremden Ländern, fremden Völkern, es waren Geschichten von Flüssen und Meeren, von historischen Begebenheiten oder Naturereignissen. Von solchen Themen ließ sich der Vater inspirieren und erzählte Éva so lange, bis sie eingeschlafen war.

Éva war die kleine blonde Prinzessin der Familie, und das schon seit ihrer Geburt im Oktober 1925. Sowohl die Eltern als auch die Großeltern waren glücklich über das kleine Mädchen, war Éva doch das erste Kind und Enkelkind.

Die Familie bewohnte ein großes Haus in Debrecen, zu dem auch ein Garten gehörte. In der Familie wurde überwiegend Deutsch gesprochen, weil es über das ganze Land verstreut eine große Verwandtschaft gab, die deutschsprachig war. Aber man sprach auch Ungarisch. Und weil die Großeltern väterlicherseits Slowakisch sprachen, lernte Éva auch diese Sprache.

Die Mutter stammte aus einer reichen Familie. Mit ihrer Mitgift konnte der Vater, gemeinsam mit seinem älteren Bruder, eine Holzhandlung eröffnen. Das entsprach durchaus seinem Naturell, denn er liebte es, in die Wälder zu gehen und sich die Bäume anzuschauen, und er konnte Éva, als sie im richtigen Alter war, anhand jedes Holzstücks erklären, von welcher Baumart es stammte und wie alt der Baum war.

Éva mochte diese Ausflüge mit dem Vater in den Wald. Sie mochte den würzigen Duft des Holzes und die Stimme des Vaters, der ihr alles erklärte. Manchmal, wenn sie allein war, schloss sie die Augen, dachte an ihren Vater und sagte sich: »Mein Papa duftet nach Holz.«

Die Mutter war eine sehr lebhafte Frau. Sie war immer mit

Éva Fahidi im Alter von 13 Monaten

irgendwelchen Dingen im Haus oder im Garten beschäftigt. Nur selten gönnte sie sich einmal Ruhe.

Wenn sie glaubte, Éva sei aus ihren Kleidern herausgewachsen, kramte sie aus einem Schrank ein großes Stück Leinen hervor, wickelte Éva darin ein, steckte die Länge ab, schaute, wo die Armlöcher hin mussten, und machte sich an die Arbeit, ein neues Kleid zu nähen. Natürlich wäre es einfacher gewesen, nach Budapest zu fahren und die Tochter dort einzukleiden, denn an Geld fehlte es nicht. Doch die Mutter nähte lieber.

Schon früh ermunterte sie Éva, auf hohe Bäume zu klettern, Kaninchen, Pferde und Hunde zu streicheln, Regenwürmer, Raupen, Frösche und Mäuse in die Hand zu nehmen. Manchmal kostete es das Kind Überwindung, den Aufforderungen der Mutter nachzukommen. Doch dann hörte sie den Satz: »Wenn du dich nicht traust, dann bist du nicht meine Tochter!« Deshalb traute sie sich schließlich.

Im Hause Fahidi gab es ein Klavier. Jeder, der wollte und es konnte, spielte darauf. Auch Éva mochte Musik. Schon früh klimperte sie auf den Tasten herum und lernte bald die ersten Stücke. Das gefiel ihr. Sie wollte mehr lernen, wollte das Instrument beherrschen. Als sie den Gedanken aussprach, Pianistin zu werden, wurde sie von ihrer Familie unterstützt. Als Vorbild diente ihr eine ältere Cousine. Sie hatte es geschafft, an einer Musikhochschule in Budapest einen Studienplatz zu bekommen. Dort wollte auch Éva hin. Am liebsten gleich nach dem Abitur. Aber bis dahin mussten noch ein paar Jahre ins Land gehen.

Die Fahidis waren eine jüdische Familie. Herr Fahidi beobachtete die Entwicklung in Europa mit Sorge, registrierte, dass die Freiheit von Juden Stück für Stück eingeschränkt wurde und sie ihre Berufe nicht mehr ausüben durften. Überall wurden die Juden verfolgt und in Konzentrationslagern interniert. Trotzdem rechnete er nicht ernsthaft damit, dass irgendwann auch die ungarischen Juden davon betroffen sein könnten. Bisher hatte sich die ungarische Regierung standhaft geweigert, Juden zu deportieren.

Es gab einen anderen Grund, weshalb sich Herr Fahidi Mitte der 1930er Jahre entschied, die Kinder katholisch erziehen zu lassen. Sie wurden Mitglieder der katholischen Kirche, während die Eltern weiterhin jüdischen Glaubens blieben, auch wenn sie ihn nicht intensiv praktizierten. An Auswanderung dachte der Vater aber nicht, obwohl er genug Geld hatte, sich und seine Familie zu retten. Doch noch hatte er offenbar Hoffnung, dass ein solcher Schritt nicht notwendig sei.

Gesetze, wie sie nach Hitlers Machtergreifung in Deutschland in Kraft traten, um Juden mehr und mehr aus dem öffentlichen Leben und bestimmten, vor allem akademischen Berufen auszuschließen, gab es auch in Ungarn schon. Nicht jeder, der die Voraussetzungen erfüllte, bekam einen Studienplatz. Nicht jeder, der einen bestimmten Beruf erlernt hatte, bekam eine Stelle. Eine Quotenregelung hinderte viele Juden, eine bestimmte berufliche Karriere zu machen.

Mit dem Übertritt zum katholischen Glauben hoffte Herr Fahidi, seinen beiden Töchtern – auch Gilike war inzwischen geboren – eine sichere Schul- und Hochschulausbildung und eine freie und uneingeschränkte Berufswahl zu ermöglichen.

Mit dem Schritt riskierte Herr Fahidi allerdings ein Zerwürfnis mit seinem Vater. Und tatsächlich, es kam zum Bruch – der Vater beendete jeden Kontakt mit seinem Sohn. Für ihn war der Schritt absolut nicht nachzuvollziehen. Er war Jude und das ließ sich nicht durch einen Übertritt in eine andere Religion ändern.

Éva wurde jetzt nach strengen katholischen Regeln erzogen. Sie besuchte die katholische Klosterschule für Mädchen. »Nicht für die Schule, sondern für das Leben lernen wir!«, lautete einer der Sätze, die sie in ihrer Schulzeit oft zu hören bekam. Aber hatte das wirklich etwas mit richtigem Leben zu tun, was ihnen in der Klosterschule vermittelt wurde, wo man sie von früh bis spät mit wissenschaftlichen Erkenntnissen vollstopfte? Wie oft erinnerte sie sich in dieser Zeit an den Vater und die Spaziergänge mit ihm im Wald. Lernte sie da nicht viel mehr vom Leben, wenn der Vater ihr die Natur erklärte? Oder wenn sie jedes Jahr im August die Ferien auf dem Bauernhof der Großeltern verbracht hatten? Was gab es dort nicht alles zu entdecken? Im Biologieunterricht musste man ihr nicht mehr theoretisch etwas von Fortpflanzung bei Tieren erzählen, das hatte sie alles längst auf dem Bauernhof gesehen.

Immer dann, wenn Éva die Zeit fand, spielte sie Klavier, ihren Berufswunsch konnte ihr niemand ausreden.

Doch das unbeschwerte Leben endete ganz abrupt am 19. März 1944. Es war ein Sonntag.

Hatte sie bis dahin nicht mitbekommen, was um sie herum geschah? Hatte sie nicht mitbekommen, wie eine Freundin, die offenbar viel mehr von der Welt wusste, für die ganze Familie falsche Papiere besorgte und so alle retten konnte? Hatte sie einfach nur weggeschaut, die Gefahren nicht registriert, oder hatte man auch in ihrer Familie über diese Dinge geschwiegen? Lebte sie in einer Märchenwelt, fernab jeder Realität?

An jenem Morgen beobachtete die Familie Fahidi, wie auf dem kleinen Flughafen in Debrecen, wo sonst nur wenig Betrieb war, ständig Flugzeuge landeten und starteten. Was hatte das zu bedeuten? Auch Autos fuhren durch die Straßen der Stadt. Deutsche Militärautos.

Éva konnte sich das nicht erklären und schaute ihren Vater an. Noch nie hatte sie erlebt, dass er vor etwas Angst hatte. Noch nie hatte sie ihn so voller Unruhe gesehen. Ausgerechnet ihr Vater, der nie einem Problem aus dem Weg ging. Nun stand ihm die pure Angst in den Augen. Würden die Deutschen jetzt auch noch Ungarn besetzen? Jetzt, wo der Krieg doch schon fast zu Ende schien? Das mit dem nahen Kriegsende hatte der Vater ganz fest geglaubt.

»Jetzt kommen schlimme Zeiten, Zeiten, wie wir sie noch nicht durchgemacht haben. Aber wenn unsere Familie zusammenbleibt, können wir das überstehen.« Mit diesen Sätzen wollte der Vater nicht nur sich, sondern der ganzen Familie Mut machen.

Am 21. März standen deutsche Soldaten vor der Haustür der Fahidis. Frau Fahidi öffnete ihnen und sprach sie ganz freundlich in ihrem deutsch-österreichischen Dialekt an. Schnell stellte sich heraus, dass sie nicht den Vater festnehmen wollten, der sich schon durch die Hintertür abgesetzt hatte. Sie wollten das Haus, wozu auch immer.

Zunächst war die Familie schockiert. Würden sie es räumen müssen? Würden sie jetzt schon, wie viele andere Juden, aus der Stadt und ins Ghetto müssen?

Der Schreck saß tief, doch so schlimm, wie sie es im ersten Moment befürchtet hatten, kam es nicht. Noch nicht. Mit der Familie wurde vereinbart, dass sie weiterhin im Haus ein Zimmer bewohnen könne. Erleichterung machte sich breit. Sie konnten bleiben, wenn auch unter äußerst beengten Verhältnissen.

Den ganzen Rest des Hauses nahm der Oberkommandeur der Feldgendarmerie Kaiser in Beschlag. Obwohl er sich nur selten im Haus aufhielt, waren die Räume für die Fahidis tabu. Sie arrangierten sich mit der Situation. Besser jede Minute im eigenen Haus genießen können, als im Ghetto leben müssen, sagten sie sich immer wieder.

Wenn der Oberkommandeur Kaiser mal im Haus war, bevorzugte er es, mit der Familie Fahidi das Abendessen einzunehmen. Éva hatte den Eindruck, dass er ein sehr gebildeter Mann war, denn er sprach mit ihnen oft über Goethe und Schiller, über Mozart und andere Komponisten. Er war einer, der die Kultur sehr schätzte.

Wie passt das zusammen?, überlegte Éva. Auf der einen Seite diese deutsche Kultur, von der er wirklich etwas verstand, auf der anderen war er doch dafür verantwortlich, was mit den Juden in der Stadt geschah. Sie konnte das nicht begreifen.

In den ländlichen Gebieten Ungarns sollten alle Juden bis spätestens 1. Mai in Ghettos untergebracht werden. So lautete ein Befehl. Budapest war eine Ausnahme, hier konnten sie sich noch frei bewegen. Wäre für die Familie Fahidi noch eine Flucht möglich gewesen? Hätten sie sich mit Geld den Weg dorthin freikaufen können? Doch es war zu spät.

Am 29. April musste auch die Familie Fahidi ins Ghetto. Sie

waren zehn Personen, die einen Raum von vierzig Quadratmetern zugewiesen bekamen. Zehn Personen, dazu noch ein Baby von sechs Monaten, das Kind von Évas Cousine.

Sie waren nicht unvorbereitet. Schon Tage zuvor hatten sie Mehl, Zucker, Schmalz, gebratenes Fleisch und Eingekochtes dorthin geschafft.

Das Leben im Ghetto, in dieser beengten Situation, mussten sie erst lernen. Sie konnten nicht einfach nur den ganzen Tag in dem beengten Raum hocken, sie mussten sich beschäftigen, damit sie nicht verrückt wurden.

Herr Fahidi harkte und fegte fast den ganzen Tag lang den Hof. Zufrieden machte ihn das jedoch nicht. Oft lief er wie ein Tier im Käfig hin und her. Aber er war draußen und steckte nicht den Rest der Familie mit seiner Unruhe an.

Die Mutter und die Schwägerin kochten und backten, räumten auf und kümmerten sich um die Wäsche. Wenigstens sauber sollte alles sein, wenn sie schon so beengt leben mussten. So schnell würden sie nicht aufgeben, das hatten sie sich fest vorgenommen.

Évas Tante, eine Ärztin, kümmerte sich um die Kranken, die man in einem provisorischen Krankenhaus untergebracht hatte. Das Krankenhaus bestand nur aus zwei Räumen in einem Wohnhaus. Aber immerhin konnten die Menschen dort versorgt werden, auch wenn die Bezeichnung »Krankenhaus« eine Übertreibung war. Es gab dort zwar Medikamente, aber keinerlei Möglichkeiten, eine Operation durchzuführen.

Éva assistierte ihrer Tante, obwohl sie keine Ahnung von Medizin hatte.

Einundfünfzig Tage mussten sie in dem Ghetto ausharren.

Am 20. Juni wurde mit der Evakuierung begonnen. Vom Ghetto wurden sie in die Ziegelei Scherli gebracht. Wieder vergingen Tage, die sie tagsüber unter der sengenden Junisonne verbringen mussten. Nur nachts kühlte es etwas ab.

Von der Ziegelei aus wurden sie zu den Zügen gebracht. Es waren viele Menschen, die dort zusammengepfercht wurden. Nicht alle konnten an einem Tag weggebracht werden. Die Transporte gingen zwischen dem 25. und 27. Juni ab. Éva, ihre Familie und die Verwandten wurden am 27. Juni zum Bahnhof gebracht. Dort standen die Viehwaggons für sie bereit.

Kleine Schwester Gilike

Gilike – wo war sie jetzt? Auch von ihr wurde Éva an der Rampe in Sekundenschnelle getrennt. Hatte Gilike bei der Mutter bleiben können? Hatte sie ihren geliebten Teddy oder ihre Käthe-Kruse-Puppe mitnehmen dürfen? Wo war sie jetzt, ihre kleine Schwester? Sollte es stimmen, was Schoschanka gesagt hatte? Nein, Éva glaubte das nicht, wollte es nicht glauben. Gilike konnte nicht tot sein, durfte nicht tot sein. Sie war doch noch so klein, ein Kind, ein richtiges Kind, das mit Puppen spielte.

Éva erinnerte sich an die Zugfahrt, daran, was in dem Waggon geschehen war. Sie erinnerte sich an die großen Augen von Gilike. Die kleine Schwester hatte kein Wort herausgebracht, nichts gesagt zu dem, was sie sah. Hatte sich einfach nur umgeschaut mit ihren großen Augen, als könne sie nicht begreifen, was ihre Augen sahen. War es denn überhaupt zu begreifen? Konnten Kinderaugen begreifen, wie Menschen so unwürdig starben, wie Menschen schrien, wie sich Menschen, die es nicht mehr aushielten, vor den Augen der anderen auf dem bereitstehenden Eimer entleerten, wie sie um Wasser flehten, wie viele einfach nur noch apathisch dasaßen und langsam verrückt wurden?

Nur einmal hatte sich Gilike gerührt und ein kleines Lächeln im Gesicht gezeigt, als sie Éva erzählte, sie habe den Onkel auf dem Bahnsteig gesehen und ihm zugewinkt.

Gilike mit ihrer Freundin Mari Vágó, 1940

Éva fiel es schwer, sich an die gemeinsame Kindheit zu erinnern, jetzt, wo alles so unvorstellbar geworden war. Jetzt, wo sie die Gegenwart nicht begreifen konnte. Wie sehr hatte sie sich damals eine Schwester gewünscht, nein, eigentlich eine lebendige Puppe. Das war ihre Vorstellung von einem Geschwisterchen gewesen. Acht Jahre hatte sie auf die Schwester warten müssen, dann war sie da, im wahrsten Sinne über Nacht. Éva war zum Schlafen bei einer Nachbarin einquartiert worden, als die Mutter spürte, das Kind würde bald zur Welt kommen.

Was hatten sie in den wenigen Jahren, die ihnen blieben, alles gemeinsam erlebt? Wie sollte sie jetzt Erinnerungen an die Ferien auf dem Bauernhof bei den Großeltern wachrufen können, an die Weihnachts- und Osterfeste, an die Tage und

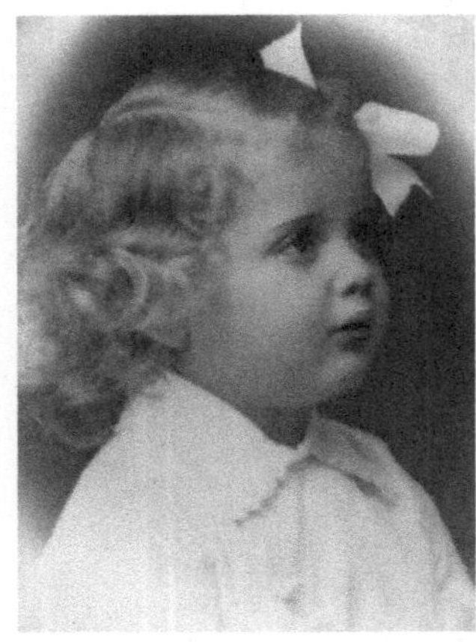

Gilike im Alter von drei Jahren

Wochen davor, wenn das ganze Haus von oben bis unten geputzt wurde und sie nicht mehr ungestört in allen Räumen spielen konnten? Éva fiel es schwer, an diese Zeit zu denken.

Etwas schmunzeln musste sie aber doch, als sie sich an eine Situation in der Schule erinnerte. Gilike, die genau wie sie die Klosterschule besuchte, sollte sich an die vorgeschriebene Kleiderordnung halten. Die sah unter anderem knielange Röcke vor. Doch Gilike gefielen die Röcke nicht, ihre waren immer viel kürzer.

Eines Tages sagte eine Ordensschwester energisch zu ihr: »Mein Kind, bestell Deinem lieben Vater, dass er nicht so arm ist, dass er Dir nicht einen längeren Rock kaufen könnte!«

Gilike reagierte schlagfertig: »Ich will keinen längeren Rock tragen, ich will ja keine Nonne werden!«

Gilike, wo war sie jetzt? War sie *sicher* bei der Mutter, bei der Cousine, bei einer Tante? Hatte sie noch ihre Käthe-Kruse-Puppe unter dem Arm?

Die Fünferreihe

Schon als Éva am 1. Juli 1944 an der Rampe in Auschwitz-Birkenau ankam, mussten Fünferreihen gebildet werden. Anfangs hatte sie noch ihre komplette Familie gehabt, mit der sie sich schrittweise vorwärts bewegte. Noch waren sie alle zusammen gewesen.

Dann kam der Augenblick, in dem Männer und Frauen getrennt wurden. Sekunden in ihrem Leben, die sie plötzlich vaterlos machten. Wo war ihr Vater? Eben gerade war er doch noch an ihrer Seite gegangen? Jetzt war er weg. Was waren unsere letzten Worte, die wir miteinander gewechselt haben? Sie wusste es nicht, konnte sich nicht erinnern, denn alles war viel zu schnell gegangen.

Wieder bildeten sich Fünferreihen. Cousine, Mutter, Schwester, Tante, das war ihre Gruppe, ihre Reihe. Diesmal wollte sie darauf achten, dass wenigstens sie zusammen blieben.

Doch der SS-Arzt Josef Mengele, vor dem sie plötzlich standen, schickte Éva in die eine Richtung, während alle übrigen aus der Familie in die andere mussten.

Die Hoffnung, dass sie sich wiedersehen würden, so wie man es ihnen bei der Ankunft gesagt hatte, wollte sie immer noch nicht aufgeben. Auch dann nicht, als Schoschanka mit dem Finger auf den Rauch über dem Krematorium zeigte und sagte: »Da sind sie!« Doch wie lange würde sie die Hoffnung noch aufrechterhalten?

Éva hatte eine neue Fünferreihe gefunden. Es war wichtig für sie, zu wissen und zu spüren, dass man sich gegenseitig vertrauen und helfen konnte. Ihre Fünferreihe benutzte zum Essen dasselbe Geschirr, tagsüber saßen sie draußen in der heißen Julisonne, denn in die Baracken durften sie nicht. Die ganze Zeit über waren sie der Willkür der Blockältesten und der Aufseherinnen ausgesetzt, die Kommandos brüllten und mit ihren Peitschen auf die Frauen einschlugen. Angst war ihr ständiger Begleiter. Warum taten die Aufseherinnen das? Woher kam ihr Hass? Éva verstand es nicht.

In dieser Situation tat es gut, in der Fünferreihe zu sein. Die Reihe wurde so etwas wie ein Familienersatz. Sie achteten gegenseitig darauf, dass sie das Essen, das man ihnen vorsetzte, nicht herunterschlangen wie Tiere, auch wenn sie noch so großen Hunger hatten. Langsam und bedächtig nahmen sie es zu sich, obwohl es fürchterlich schmeckte. Und jede achtete darauf, dass die andere alles aufaß. Denn sie wollten überleben. Wichtig war für sie auch, dass sie zum Schluss die Schüsseln nicht ausleckten. »Was würde eure Mutter dazu sagen?« Der Satz schwebte unausgesprochen über ihnen. Und wenn sie miteinander redeten, sich in unbeobachteten Augenblicken über die Zustände im Lager aufregten, verzichteten sie darauf, zu fluchen. Sie wollten, trotz allem, Menschen bleiben.

Zu fünft stellten sie sich zu den Appellen auf und warteten geduldig, bis die Aufseherinnen alle durchgezählt hatten. Das konnte manchmal Stunden dauern und Éva wusste nicht, ob es an der fehlenden mathematischen Begabung der Aufseherinnen lag oder einfach Schikane war.

Wenn die Zahlen beim Appell nicht stimmten, mussten sich

alle Häftlinge auf den steinigen Boden knien und die Arme nach oben strecken, bis durch erneutes Abzählen die Zahlen passten.

Wenn der Morgenappell zu Ende war, brachte ein Lastwagen das Essen und nahm auf der Rückfahrt die Toten mit. Tote gab es nach jedem Appell. Die, die morgens weggebracht wurden, waren in der Nacht gestorben.

Das Essen? Morgens bekamen sie eine dunkle Brühe in ihren Essnapf. Kaffee sollte das sein, doch er schmeckte kein bisschen nach Kaffee. Reihum tranken sie in der Fünferreihe aus ihrem Napf, zuerst jede zwei Schluck, in der nächsten Runde jede einen Schluck, und wenn danach noch ein Rest blieb, wurde auch er gleichmäßig aufgeteilt. Niemand sollte der anderen etwas wegnehmen, so hatten sie es vereinbart und daran hielten sie sich. Sie wollten nicht so werden, wie sie es oft bei anderen Häftlingen beobachtet hatten, die sich gegenseitig bestahlen.

Auf die gleiche Weise nahmen sie auch das Abendessen zu sich. Mal gab es eine Suppe, von der man nicht wusste, was sie enthielt. Gelegentlich gab es einen Brei, der nahezu unerträglich süß schmeckte. Doch sie aßen ihn trotzdem. Sie wollten nicht noch mehr hungern.

Zu fünft lagen sie auch »in der Pritsche«. Éva bezeichnete den Schlafplatz so. Er kam ihr vor wie ein Sarg ohne Deckel. Es war eng darin. Wenn sich nachts eine von ihnen umdrehte, mussten sich alle anderen auch umdrehen.

In diesen Sommermonaten des Jahrs 1944 wurde in Birkenau ein Wasserspeicher aufgestellt. Er war nicht besonders groß, höchstens für hundert Personen ausgelegt. Zu der Zeit

Weibliche jüdische Häftlinge im Lager (die 6. von vorne rechts ist Éva Fahidi)

waren aber zehntausend Menschen im Lager! In der Sonnenglut konnte das Wasser unmöglich reichen.

Jeden Morgen kam ein LKW, um den Wasserspeicher aufzufüllen. Unzählige Häftlinge drängten nach vorn, um wenigstens ein paar Tropfen von dem köstlichen Nass zu ergattern. Doch der Fahrer hatte eine Peitsche dabei und schlug wahllos in die Menge. Besonders gern verprügelte er die, denen es tatsächlich gelungen war, einen Schluck Wasser zu bekommen.

All die Tage und Wochen, die sie draußen verbringen mussten, war neben der ständigen Angst vor allem der Durst ihr ständiger Begleiter. Das wenige Wasser, das sie zugeteilt bekamen, reichte bei weitem nicht, um ihn zu stillen, geschweige denn, den Körper vor dem Austrocknen zu bewahren.

In Sichtweite von ihnen gab es einen kleinen Sumpf. Er war verseucht, schmutzig und roch übel. Wie groß musste die Beherrschung sein, sich nicht einfach die Hände oder das Gesicht mit dem schmutzigen Nass zu benetzen oder, wenn der Durst sie überwältigte, ein paar Schlucke zu trinken? Hätte Éva, hätten die anderen Peitschenhiebe dafür in Kauf genommen?

Éva fand es gut, in ihrer Fünferreihe zu sein, in der sich die Frauen gegenseitig von unbedachten Taten abhielten und zum Durchhalten aufforderten.

Das Zigeunerlager

Ganz in der Nähe der Baracke, in der Éva und die anderen Frauen untergebracht waren, befand sich das Zigeunerlager. Die Nazis nannten es so, weil dort Sinti und Roma eingesperrt waren.

Voller Neid schauten viele Leidensgenossen hinüber, weil dort die Familien zusammenbleiben durften und nicht getrennt wurden. Im Lagerjargon wurde der Abschnitt auch »Zigeunerfamilienlager« genannt. Die Menschen dort hatten es trotz allem gut, sie waren zusammen. So sah man es von außen.

Am 2. August wurde das Zigeunerlager auf Befehl von Berlin abgeriegelt. Éva beobachtete, wie am Nachmittag ein leerer Güterzug auf der Rampe bereit stand. Was sollte dort passieren? Wenn sonst Züge dastanden, wurden Menschen ausgeladen und selektiert. Aber jetzt?

Das Rätsel löste sich bald. Aus dem Zigeunerlager wurde eine große Menschengruppe geführt. Mit Umarmungen, Tränen und vielen Worten verabschiedeten sich die Leute von denen, die zurückbleiben mussten. Männer, Frauen und Kinder wurden zu dem bereitstehenden Zug getrieben. Schnell wurde vermutet, dass sie in ein anderes Lager verlegt würden. Am frühen Abend setzte sich der Zug in Bewegung und verschwand durch das Tor. Trotz aller Ungewissheit über das Ziel des Zuges wünschten sich viele im Lager, sie könnten dort mitfahren. Alle wollten bloß raus!

Die, die im Zigeunerlager zurückbleiben mussten, waren meist nur noch Schatten ihrer selbst. Abgemagert bis auf Haut und Knochen, standen oder lagen sie auf dem Gelände, das von den anderen Gebäuden durch einen Zaun abgetrennt war.

Warum blieben sie zurück? Waren sie für die anfallenden Arbeiten nicht mehr geeignet? Aber Muselmänner* wurden doch ohnehin nicht mehr zur Arbeit eingesetzt.

In der darauffolgenden Nacht wurden Éva und die anderen Frauen von einem riesigen Lärm geweckt.

Lastautos fuhren zum Zigeunerlager, schwer bewaffnete SS-Männer unter der Leitung von Schutzhaft-Lagerführer Johann Schwarzhuber* und dem Leiter des Sonderkommandos Otto Moll* umstellten den Bereich. Die bereitstehenden LKWs fuhren hinein, die SS-Männer luden die wehrlosen Männer, Frauen und Kinder auf und brachten sie zu den Gaskammern. Die Schreie der Sinti und Roma, eine Mischung aus Wehklagen, Hilferufen, Gebeten, Flüchen, Verzweiflung, Angst, übertönte sogar das Gebrüll der SS-Männer und die Motorgeräusche der LKWs.

Die Bilder brannten sich tief in Éva ein. Wie konnten Menschen so grausam sein? Immer wieder kreiste diese Frage in ihrem Kopf.

Am nächsten Morgen entdeckte Éva niemanden mehr in dem Zigeunerlager. Es war leer.

In der Nacht waren 2897 Menschen in den Gaskammern ermordet worden. Ihre Leichen wurden in der Grube neben dem Krematorium verbrannt, denn die Krematoriumsöfen waren zu der Zeit nicht in Betrieb.

Alle die, die sich in der Nacht noch vor dem Zugriff der SS-Männer hatten verstecken können, spürte man am nächsten Morgen auf. Sie wurden entweder erschlagen oder erschossen.

Verlegung

Sechs Wochen nach ihrer Ankunft in Auschwitz-Birkenau saß Éva schon wieder in einem Viehwaggon. Achtzig Frauen befanden sich in dem engen Raum, genauso viele Personen wie auf der Fahrt nach Auschwitz. Nur hatten sie jetzt kein Gepäck dabei. Wasser gab es auch nicht, dafür ein wenig Verpflegung. Ein Stück Käse und 250 Gramm Brot.

Was war vorausgegangen?

Die Tage und Wochen in Auschwitz-Birkenau zogen sich endlos dahin. Weder Éva noch die anderen Frauen durften arbeiten. Wie gerne hätten sie etwas Sinnvolles gemacht! Stattdessen mussten sie ihre Zeit damit verbringen, zwischen dem Morgen- und Abendappell einfach nur draußen zu sein, bewacht von strengen Aufseherinnen, die ihnen manchmal irgendwelche Befehle erteilten oder auf sie einschlugen.

Dann kam der 12. August. Im Frauenlager sollten Selektionen durchgeführt werden. Es wurden Frauen gebraucht, die zu körperlichen Arbeiten noch in der Lage waren. Doch das wussten die Frauen zu diesem Zeitpunkt noch nicht.

Sie mussten sich auf der Lagerstraße aufstellen, alle nackt, alle die Hände nach oben gestreckt. Umgeben von bewaffneten SS-Männern bewegte sich die Gruppe schrittweise vor.

Die Frauen wussten natürlich, was Selektionen in Auschwitz-Birkenau bedeuteten. Sie entschieden über Leben und Tod. Alle hatten sie das schon erfahren, zum ersten Mal bei ihrer Ankunft im Lager. Viele hatten sich auch danach schon mal dieser Prozedur unterziehen müssen, wenn kontrolliert wurde, ob sie sichtbare Krankheiten hatten. Alle wussten, was auf dem Spiel stand, und wollten bei dem Arzt, der sie meist nur mit einem flüchtigen Blick begutachtete, einen guten Eindruck machen. Und doch war jeder klar, dass etwa die Hälfte von ihnen den Abend nicht mehr erleben würde.

Deswegen bemühten sie sich, möglichst gesund und kräftig auszusehen. Die, die im Gesicht etwas blass waren, fügten sich kleine Verletzungen zu und frischten mit dem Blut ihre Hautfarbe auf. Andere nahmen all ihre Kräfte zusammen, um in aufrechter Haltung vor den Arzt treten zu können. Sie mussten es einfach versuchen, auch wenn ihre Bemühungen oft nicht mehr halfen.

An diesem Tag gab es für die Frauen kein Essen, denn in den Augen der SS würde ohnehin ein Großteil von ihnen ins Gas geschickt werden. Daher ersparte man sich das Essen gleich für die ganze Gruppe.

Dann kam der Augenblick, in dem über Leben und Tod entschieden wurde. Josef Mengele führte an diesem 12. August die Selektionen durch. Nur ein Blick und eine kleine Handbewegung des Arztes genügten, um über das Schicksal der Frauen zu entscheiden.

Es war kaum auszuhalten. Éva bekam mit, wie Mengele in seiner ruhigen Art Mütter und Töchter trennte, Schwestern auseinanderriss. Leben und Tod im Sekundentakt.

Die Todgeweihten klagten, weinten, schrien, doch auch die, die leben durften, flehten darum, ihre Angehörigen mitnehmen zu dürfen. Aber Mengele in seiner abgebrüht-kühlen Art machte keine Ausnahmen. Für Ordnung sorgten die bewaffneten SS-Männer.

»Tausend!«, rief Josef Mengele plötzlich und hob dabei die rechte Hand, um anzudeuten, dass die Selektion beendet war.

Tausend Frauen wurden von ihm zur Arbeit ausgesucht, sicher waren es ebenso viele, die er an diesem Tag in den Tod schickte.

Im Frauenlager in Birkenau wurde Platz gebraucht, denn an diesem Tag traf ein neuer Transport mit über 3 800 Mädchen und Frauen im Lager ein, die untergebracht werden mussten. Natürlich würden viele noch am selben Tag in den Tod geschickt werden. Trotzdem, Platz wurde für die gebraucht, die noch körperlich kräftig wirkten.

Die Frauen, die zum Arbeiten ausgewählt worden waren, brachte man in die Sauna. Dort mussten sie duschen und bekamen ein graues Kleid und ein graues Kopftuch. Hoffnung keimte in ihnen auf. Wenn neue Kleider ausgeteilt wurden, würde man sie bestimmt nicht in den Tod schicken. Der Tod brauchte keine Kleider, zumindest nicht in Auschwitz. Dort musste man alles ablegen, bevor man in die Gaskammern gezwungen wurde.

Doch was hatte die SS mit ihnen vor? Wo sollten sie arbeiten? Niemand hatte ihnen bisher etwas gesagt.

Am Nachmittag des 13. August fuhr ein Zug mit Viehwaggons auf die Rampe. Die Türen wurden geöffnet. Bretter wurden angelegt, über die sie in die Waggons klettern mussten.

Nun saßen sie da, eng aneinandergedrängt, mit der Ungewissheit, was auf sie zukam.

Wo und wie sie die letzte Nacht verbracht hatte, wusste

Éva nicht mehr. An einen großen Raum konnte sie sich erinnern. War es die zentrale Sauna gewesen, in die sie bei ihrer Ankunft geführt worden waren? Sie konnte es nicht sagen. Einige Frauen behaupteten sogar, sie hätten in einer der Gaskammern geschlafen. Unvorstellbar! Alles erschien Éva unwirklich.

Doch für sie war im Augenblick nur wichtig, dass sie lebte, ein neues Kleid hatte, ein Tuch auf dem Kopf und ein Stück Brot und ein Stück Käse in den Händen. Weil nicht nur sie, sondern alle Frauen Hunger hatten, aßen sie ihre ganze Ration auf. Zwei Tage ohne jede Verpflegung hatten sie vollkommen ausgehungert. Der Käse war scharfwürzig und machte Durst. Aber Wasser gab es nicht. Wieso nicht? Würde es nur eine kurze Fahrt werden, eine, bei der man kein Wasser brauchte? Alles war so ungewiss.

Nach drei Tagen hielt der Zug an einem Bahnhof. Durch einen Spalt konnte Éva erkennen, dass es der Bahnhof von Weimar-Buchenwald war. Mit dem Ort Buchenwald konnte sie nichts anfangen, dafür umso mehr mit Weimar. Ihre Tante Mici hatte ihr viel über deutsche Literatur erzählt, so auch über Goethe und Weimar.

Doch schon nach kurzem Aufenthalt setzte sich der Zug wieder in Bewegung. Stundenlang ging die Fahrt weiter, immer noch ohne Wasser. Schließlich erreichten sie den Ort, an dem sie bleiben sollten: Allendorf, ein Ort in Hessen in der Nähe von Marburg.

Sie waren müde, hungrig und vor allem durstig, als der Zug endlich hielt. Die Waggontüren wurden aufgerissen.

»Was ist denn das?«, war der erste Satz, den sie zur Begrüßung zu hören bekamen. Händeringend und kopfschüttelnd lief ein Mann an den Waggons vorbei und stieß Flüche aus.

Erst später erfuhren sie, was der Grund war. Herr Eberlein war der Leiter der Rüstungsfabrik, in der die Frauen arbeiten sollten. Nur hatte er in Auschwitz-Birkenau keine Frauen angefordert, sondern tausend kräftige Männer, und jetzt hatte er »nur« Frauen bekommen! Er konnte es einfach nicht fassen.

Ihr neues Lager Münchmühle lag mitten im Wald. Es war klein, viel kleiner als Birkenau. Es bestand nur aus ein paar Baracken, die umzäunt waren. Alle fanden darin ausreichend Platz. Welch ein Luxus im Vergleich zu Auschwitz: Jede von ihnen hatte einen eigenen Schlafplatz mit einer Strohmatratze und Decken, die zwar schmutzig und dünn waren, aber es gab wenigstens welche. Es gab auch einen Waschraum, in dem sie sich jederzeit waschen und duschen konnten. Genügend Wasser war ebenfalls da. Es gab eine Latrine und keine Eimer wie in Birkenau, die man ausleeren musste. Sie waren zufrieden mit dem, was sie sahen. Zufrieden auch damit, dass man ihnen ein paar Tage Erholung gönnte. Natürlich hatte die Lagerleitung den Hintergedanken, dass die Frauen, wenn sie besser bei Kräften wären, auch besser arbeiten könnten. Sie erhielten vergleichsweise gutes Essen, richtige Kartoffeln gehörten dazu und jeden Tag ein großes Stück Brot. Die Ruhe und das Essen taten ihnen gut, man konnte es ihnen nach wenigen Tagen schon ansehen.

Doch dann begann die Arbeit und nun begriffen sie, warum Männer angefordert worden waren. Es war eine Rüstungsfabrik, in der Kanonengeschosse, Granaten und Bomben hergestellt wurden. Nicht nur die Munition war schwer, sondern auch die Säcke mit den Chemikalien für die Produktion, die sie schleppen mussten. An manchen Tagen arbeiteten sie zwei Schichten mit jeweils zwölf Arbeitsstunden, an anderen Tagen drei Schichten mit acht Stunden, wobei jede von ihnen zwei übernehmen musste. Es war – immer noch – Krieg und die Bomben und Granaten wurden dringend gebraucht.

Schutzmaßnahmen gab es keine. Sie kamen mit den Chemikalien in Berührung, wenn einer der Säcke aufriss, oder sie atmeten die giftigen Dämpfe ein.

Wie lange konnten sie das aushalten?

Die tägliche Arbeit blieb immer gleich, nur die Verpflegung wurde schlechter. Die Kräfte ließen langsam, aber stetig nach. Hatten sie am Anfang jeweils eine Stunde für den Weg zur Fabrik und eine für den Weg zurück gebraucht, so verlängerte sich diese Zeit von Tag zu Tag immer mehr. Und dann waren da auch noch die Appelle, morgens und abends, also zusätzlich je eine Stunde, die sie auf dem Platz stehen mussten. Warum musste man sie noch so schikanieren? Reichte es nicht, wenn sie den ganzen Tag bis zur Erschöpfung arbeiteten?

Die Gewichte, die sie heben und tragen mussten, entsprachen bald ihrem eigenen Körpergewicht.

Im Herbst, als es kalt wurde, bekamen sie Mäntel. Tausend Mäntel, die aus den Kanada-Baracken in Auschwitz zur Verfügung gestellt wurden. Doch die Mäntel schützten nur wenig vor der Kälte, denn es waren dünne Übergangsmäntel.

Trotz aller widrigen Umstände machten sie sich Hoffnung, zu überleben. Sie malten sich ihre Zukunft aus, überlegten, was sie studieren, welchen Beruf sie ergreifen könnten.

Doch es gab auch Zeiten der Hoffnungslosigkeit. Éva war schwach und mutlos geworden, sie konnte den täglichen Anforderungen nicht länger standhalten. Sie wollte einfach nur noch ihre Ruhe, schlafen und an nichts mehr denken. Nicht mehr existieren. Eine Freundin war es, die sie aufforderte, sich von ihrer Pritsche zu erheben, mit zum Appellplatz zu kommen. Jetzt, da der Krieg doch bald vorbei sei, dürfe sie nicht aufgeben. Sie solle sich an ihren Vorsatz erinnern, zu überleben. Éva quälte sich zum Morgenappell.

Der kalte Winter ging vorbei, der März 1945 kam und mit ihm kamen die alliierten Truppen näher. Englische Flugzeuge flogen über das Lager und am 27. März beschloss die SS, dass es an der Zeit war, zu evakuieren.

Zwei Tage war Éva dabei, als alle auf den Todesmarsch mussten. Danach konnte sie entkommen. Sie versteckte sich zusammen mit anderen Frauen in einer freistehenden Scheune.

Drei Tage später kamen Panzer, amerikanische Panzer. Die Frauen stellten sich, abgemagert, zerlumpt und hungrig vor der Scheune in einer Reihe auf. Offenbar hatten die amerikanischen Soldaten noch nie Häftlinge aus einem Konzentrationslager gesehen. Es dauerte einige Zeit, bis sie den Amerikanern klargemacht hatten, dass sie weder Diebe noch sonstige Verbrecher waren.

Die Soldaten sorgten dafür, dass jede der Frauen in einer Familie am Ort eine Unterkunft und Verpflegung bekam.

Schon bald dachte Éva an ihr Zuhause. Sollte sie wieder dorthin zurück? Ob die Eltern und die kleine Schwester Gilike schon da waren? Nein, Gilike würde erst dann nach Hause kommen, wenn sie schon dort war. So stellte es sich Éva immer vor. Doch bevor sie Entscheidungen treffen konnte, musste sie erst zu Kräften kommen.

Wieder im Viehwaggon

Éva hatte ihre Unterkunft bei Familie Kurz in der Schulstraße in Ziegenhain gefunden. Der 16jährige Sohn konnte nicht glauben, was er da vor sich sah, als Éva zum ersten Mal das Haus betrat. Eine junge Frau, nur noch ein Gerippe, die in Auschwitz gewesen war und deren Familie dort von den Nazis ermordet wurde, eine junge Frau, die ganz in der Nähe in einem Außenlager des KZ Buchenwald Zwangsarbeit leisten musste – konnte das sein? Davon hatte er während seiner Zeit in der Hitlerjugend nie etwas gehört. Wem sollte er nun glauben? Den SS-Männern, denen er immer vertraut hatte, die ihm bislang die Welt erklärt hatten, von denen jetzt, in dieser Situation Ende März 1945 immer noch welche an den Endsieg glaubten? Oder dieser jungen Frau, die vor ihm stand, einem Opfer dieser Ideologie, einer Frau, die jetzt in die Familie aufgenommen wurde?

Éva war willkommen in der Familie, das spürte sie. Die Amerikaner stellten ausreichend Verpflegung bereit. Es war gutes Essen, dass sie täglich bekam, und sie stopfte alles in sich hinein, was ihr vorgesetzt wurde. Sie hatte das Gefühl, vieles nachholen zu müssen.

Nach einigen Wochen hatte sie wieder ihre frühere Figur.

Ab Sommer 1945 wollte sie endlich den Tatsachen ins Auge sehen. Gab es Überlebende aus ihrer Familie oder im Verwandtenkreis, oder waren sie alle in Auschwitz ermordet worden? Sie las Zeitungen, in denen die Namen von Menschen aufgelistet waren, die die verschiedenen Konzentrationslager überlebt hatten. Auch das Rote Kreuz und andere Organisationen machten Aushänge mit den Namen Überlebender. Doch nirgendwo entdeckte sie auch nur einen vertrauten.

Auschwitz, überlegte sie, Auschwitz hatte zwei Seiten. Die erste Seite führte direkt in den Tod. Die zweite Seite konnte man, mit viel Glück, überleben. Doch nur ganz wenige schafften das. Eine dritte Seite von Auschwitz gibt es nicht.

Sollte sie nach Ungarn, in ihre Heimatstadt Debrecen zurückgehen? Wenn sie an ihr Haus dachte, sah sie sich dort immer mit den Eltern und der kleinen Schwester Gilike. Ob sie schon dort waren, auf sie warteten? Ein verrückter, aber auch schöner Gedanke. Doch nein, sie glaubte es nicht. Was sollte sie tun? War es für sie vorstellbar, auch ohne die Eltern, ohne die kleine Schwester in dem Haus zu wohnen? Stand es überhaupt noch oder war es dem Krieg zum Opfer gefallen?

Fragen türmten sich auf und drohten, zu riesigen Bergen zu werden. Es arbeitete in ihr. Früher oder später musste sie Klarheit bekommen, damit sie sich nicht in ihren Hoffnungen oder Wunschträumen verlor.

Im Herbst 1945, es muss wohl Oktober gewesen sein, stellte ein amerikanischer Oberst der Militärpolizei Éva einen Personalausweis aus. Einen Ausweis brauchte sie, egal, ob sie nun blieb oder ging. Neben dem vollständigen Namen notierte er auf dem Dokument unter Wohnort: K.Z.-Lager Auschwitz, und als Beruf nannte er »Ex-Häftling«.

Dieser Oberst riet Éva dringend ab, nach Ungarn zurückzukehren, denn die Sowjets hätten das Land besetzt. Ungarn sei jetzt kommunistisch. Lieber solle sie in Deutschland bleiben, dieses Land habe doch viele Vorteile.

Doch Éva und auch andere »Ex-Häftlinge« wollten nicht in Deutschland bleiben, auch die Frauen, mit denen sie sich zum Teil in Auschwitz angefreundet hatte, hatten das Bedürfnis, Klarheit zu bekommen, was mit ihren Familien geschehen war, ob noch jemand lebte oder alle tot waren. Deswegen forderten sie den Oberst auf, ihnen einen Waggon zu beschaffen, in dem sie nach Ungarn fahren konnten. Für den Fall seiner Weigerung drohten sie damit, sein Büro anzuzünden.

Der Oberst war aktiv geworden und hatte ihnen eine Rückfahrmöglichkeit organisiert.

Gemeinsam saßen sie nun wieder in einem Viehwaggon. Er unterschied sich nicht von dem, mit dem sie nach Auschwitz gekommen waren. Viele Wochen dauerte die Fahrt. An jedem Bahnhof hielt der Zug an und manchmal vergingen Stunden, bis er sich wieder in Bewegung setzte.

Auf der Fahrt feierte Éva ihren zwanzigsten Geburtstag. Keine von den anderen erfuhr das. In Gedanken malte sie sich aus, was die Familie für dieses Fest alles vorbereitet hätte. Leckere Kuchen, einen schön gedeckten Kaffeetisch, geschmückt mit Blumen, Geschenke, Besuch von Verwandten. Wäre das jetzt schön! Wunschträume? Bestimmt!

Während sie auf dem harten Boden des Viehwaggons saß, der über die Schienen dahinratterte, schweiften ihre Gedanken tatsächlich zu den Eltern nach Debrecen. Noch konnte sie hoffen, dass sie bei ihrer Ankunft da sein würden, alles wäre wie früher, bevor sie ins Ghetto mussten. Und ihren Geburtstag könnten sie nachfeiern. Hauptsache, alles wäre so wie immer!

Sie wünschte sich, die Zugfahrt würde nie zu Ende gehen, denn dort, am Ende, erwartete sie die Wirklichkeit, von der sie nicht wusste, wie sie sein würde.

Am 4. November kam der Zug auf dem Bahnhof von Debrecen an. Es war ein grauer, wolkenverhangener Herbsttag, ein Tag, der dem 19. März des Vorjahres ähnelte, als die Deutschen in ihrer Heimatstadt einmarschierten. Den Bahnhof und auch die Umgebung erkannte sie kaum wieder, alles war von Bomben zerstört.

Auf dem Weg zu ihrem Haus kam sie an der Stelle vorbei, an der das Haus eines Onkels gestanden hatte. Jetzt war der Ort ein einziges Trümmerfeld.

Ihr Haus, das Haus, in dem sie mit ihrer Familie gelebt hatte, erkannte sie im ersten Augenblick gar nicht wieder. Sie war schon ein Stück daran vorbeigegangen, als sie merkte, dass sie noch einmal zurück musste. Der Garten, wie sie ihn in Erinnerung hatte, zeigte deutliche Spuren des Krieges. Nichts war mehr so, wie die Mutter es angelegt hatte.

Doch das Haus schien bewohnt. Wer konnte es für sich in Anspruch genommen haben? Bekannte? Fremde?

Unsicher ging Éva auf die Haustür zu. Mit zitternden Händen drückte sie auf den Klingelknopf.

Ein fremder Mann öffnete die Tür und schaute sie von oben bis unten an.

»Das ist mein Haus«, erklärte Éva mit dünner Stimme. »Ich bin wieder zurückgekommen.«

»Das interessiert mich nicht!«, entgegnete der Mann barsch. »In diesem Haus wohnen jetzt dreizehn Personen. Da ist kein Platz mehr. Gehen Sie, wohin auch immer!«

In diesem Augenblick war Éva klar, dass sie nun vollkommen allein war.

Viel später erfuhr sie, dass die Deutschen, als sie das Land fluchtartig verließen, mit einem LKW alle Möbel aus dem Hause Fahidi nach Deutschland transportiert hatten.

Neben Éva hatte ein weiteres Mitglied der Familie den Holocaust überlebt, eine Tante, die Schwester ihrer Mutter, die aber nicht in Ungarn, sondern in der Slowakei lebte. Auf einer Liste entdeckte sie Évas Namen und schickte einen Mann nach Debrecen, um sie zu holen.

Zwei Jahre lang war Éva krank. Der Mann der Tante, der Arzt war, pflegte sie wieder gesund.

Dritter Teil

Prozess und Urteil

Es gibt in unserem Leben eine Grenze,
wo wir nicht mehr mitmachen dürfen.

Fritz Bauer

Angeklagt

Oskar Gröning hatte sicher nicht mehr damit gerechnet, dass noch einmal gegen ihn ermittelt und das Ergebnis dieser Untersuchungen zu einer Anklage führen könnte.

Bereits 1977 hatte die Staatsanwaltschaft Frankfurt gegen ihn und 61 weitere ehemalige Mitarbeiter der Häftlings-Eigentums-Verwaltung Auschwitz Ermittlungen eingeleitet. Im Januar 1978 wurde Gröning in seiner Heimatstadt erstmals als Beschuldigter vernommen. Doch danach hörte er nichts mehr. Konnte er davon ausgehen, dass das Verfahren eingestellt worden war? Vermutlich sah die zuständige Staatsanwaltschaft für seine Tätigkeit im Bereich der Häftlings-Geld-Verwaltung und die gelegentlichen Rampendienste, bei denen er »nur« das Gepäck bewachen sollte, keinen Straftatbestand, der Grundlage für eine Anklage hätte sein können. Diese Vermutung liegt deswegen nahe, weil eben jene Staatsanwaltschaft in vergleichbaren Fällen zu ähnlichen Einschätzungen kam.

Oskar Gröning fühlte sich sicher, juristisch nicht mehr belangt werden zu können.

Seit dieser Zeit machte er öffentlich, dass er als SS-Mann in Auschwitz Dienst getan hatte. Allen Auschwitz-Leugnern trat er entschieden entgegen, indem er bekannte, er sei dort gewesen und könne die hunderttausendfachen Morde bestätigen.

Im Jahr 1991 war er als Zeuge in einem Prozess gegen den früheren SS-Mann Heinrich Kühnemann beim Landgericht

Duisburg geladen. Er kannte Heinrich Kühnemann, mit ihm und dreizehn anderen SS-Männern hatte er in Auschwitz die Stube geteilt. Der Angeklagte war, wie Oskar Gröning, in der Häftlings-Geld-Verwaltung in Auschwitz tätig gewesen. (Der Prozess gegen Kühnemann wurde später wegen Verhandlungsunfähigkeit des Angeklagten eingestellt. Er schwieg über seine Tätigkeit in Auschwitz. In einem früheren Prozess hatte er fast ausschließlich über seinen Beruf als Opernsänger an der Wiener Oper gesprochen.) Gröning galt ausdrücklich nicht als strafrechtlich Beschuldigter, sondern lediglich als Zeuge, der die Verbrechen in Auschwitz bestätigen sollte. Oskar Gröning wiegelte in seiner Aussage die Bedeutung der Tätigkeit Kühnemanns und damit auch seiner eigenen ab. Er sei überwiegend in der Verwaltung beschäftigt gewesen, hätte Geld und Wertsachen erfasst. Bei den gelegentlichen Rampendiensten habe auch Kühnemann nur das Gepäck bewacht, um es vor unerlaubten Zugriffen zu schützen.

Als der englische Sender BBC eine große Reportage über Auschwitz plante, bei der besonders auch Zeitzeugen zur Sprache kommen sollten, fragten die Reporter unter anderem bei Oskar Gröning an. Er war bereit, Rede und Antwort zu stehen. Ausführlich schilderte er Auschwitz aus seiner Perspektive, mit allem, was er im Lager erlebt hatte. Seine eigene Rolle beschrieb er dabei als »kleines Rädchen im Getriebe« von Auschwitz. Strafrechtlich schuldig fühlte er sich nicht, da er, wie er auch in einem Interview mit dem SPIEGEL betonte, mit den Morden nichts zu tun gehabt habe. Dafür sei er nicht zuständig, sein Arbeitsplatz sei in der Verwaltung gewesen.

2013 lehnte die Staatsanwaltschaft Frankfurt eine Wiederaufnahme der Ermittlungen gegen Oskar Gröning ab. Der Staatsanwalt war sowohl über das SPIEGEL-Interview als auch über die BBC-Reportage in Kenntnis gesetzt worden. Er begründete die Ablehnung damit, man könne Gröning nicht für den Massenmord verantwortlich machen, da er in einer völlig anderen Abteilung gearbeitet habe, die mit dem unmittelbaren Töten nichts zu tun hatte. Neue Erkenntnisse ließen sich auch aus den Interviews nicht herauslesen. Die reine Bewachung der Gepäckstücke wie auch die Tätigkeit in der Verwaltung könne nicht als Straftatbestand betrachtet werden.

Die Staatsanwaltschaft Hannover beurteilte die Rechtslage komplett anders. Sie argumentierte, Oskar Gröning habe durch seine Tätigkeit einen reibungslosen Ablauf der Tötungsmaschinerie mit gewährleistet. Dementsprechend wurde auch die Anklageschrift formuliert.

Oskar Gröning wurde nun beschuldigt, in der Zeit vom 16. Mai 1944 bis 11. Juli 1944 im Rahmen der Ungarn-Aktion Beihilfe zum Mord in 300 000 Fällen geleistet zu haben. In diesen 57 Tagen wurden mehr als 430 000 ungarische Juden nach Auschwitz deportiert, 300 000 von ihnen wurden unmittelbar nach ihrer Ankunft ermordet. Oskar Gröning hatte zu dieser Zeit nachweislich Dienst gehabt, sowohl an der Rampe als auch in der Häftlings-Geld-Verwaltung, denn für diesen Zeitraum war eine Urlaubssperre für alle SS-Bediensteten in Auschwitz verhängt worden.

Durch die Plünderung der Wertgegenstände von Häftlingen und die Weiterleitung dieser Güter an die SS habe er die Organisation bei der Ermordung finanziell unterstützt. Seine Tätigkeit an der Rampe, die Bewachung des Gepäcks, die Reinigung des Bahnsteigs, damit dieser ordentlich aussah, habe dazu beigetragen, dass die Deportierten arglos waren und bei ihrer Ankunft am Bahnsteig keine Panik ausbrach.

Für die Beurteilung der Strafbarkeit komme es nicht darauf an, ob man sich durch seine Tätigkeit unmittelbar an den Tötungsprozessen beteiligt habe. Neben den Mitarbeitern der Häftlings-Geld-Verwaltung seien auch beispielsweise Wach- oder Fahrdienste nicht zwingend unmittelbar an der Ermordung der Menschen beteiligt gewesen. Auschwitz als Ganzes müsse als regelrechte Mordfabrik betrachtet werden und jeder, der dort Dienst hatte, unabhängig von seiner Funktion, habe einen Beitrag zum Funktionieren des Apparates geleistet.

Durch diese Feststellung der Staatsanwaltschaft Hannover wurden die Verbrechen von Auschwitz erstmals anders bewertet. Würde die neue Bewertung vor Gericht Bestand haben?

Am 21. April 2015 begann der Auschwitz-Prozess gegen Oskar Gröning am Landgericht Lüneburg.

Sprache I

Viele Jahre verdrängte Oskar Gröning seine Erfahrungen in Auschwitz. Er wollte nicht darüber reden und er wollte auch nicht auf das Thema angesprochen werden. Es wurde konsequent totgeschwiegen. In der Familie, am Arbeitsplatz, bei Freunden.

Mehr als dreißig Jahre später wurde er erstmals wieder mit seiner Vergangenheit konfrontiert, als ihn die Staatsanwaltschaft in seiner Heimatstadt 1978 als Beschuldigten befragte. Doch das war noch kein öffentliches Bekenntnis zu seiner Zeit in Auschwitz, seine Aussage wurde protokolliert und wanderte in einen Aktenordner. Eigentlich sollte sie Grundlage für weitere Ermittlungen sein. Doch es passierte nichts.

Öffentlich hat sich Gröning erstmals einem Vereinskollegen gegenüber geäußert, der ihm in einem Gespräch glaubhaft machen wollte, dass es Auschwitz mit den unzähligen Toten nicht gab. Gröning widersprach, widersprach auch einem Pamphlet des Rechtsaktivisten Thies Christophersen, in dem Auschwitz geleugnet wurde.

Mit seinen Erinnerungen war Oskar Gröning allein. Seine Söhne sprachen ihn nicht auf die Vergangenheit an, obwohl er sich das so erhofft hatte. Wenigstens von ihnen wollte er, da sie nun schon seine Rolle in Auschwitz kannten, als ein rechtschaffener Mann und guter Vater anerkannt werden. Auch seine Freunde, denen er die Aufzeichnungen gegeben hatte, taten es nicht. Er hatte sich so gewünscht, dass sie über das Geschriebene nachdachten, ihn ansprachen, denn er wollte reden, er wollte erklären, den anderen, besonders aber sich selbst.

Die Erfahrungen nagten an ihm, ließen ihm keine Ruhe. Wie oft stellte er sich in diesen Jahren die Fragen, ob er Schuld auf sich geladen hatte; ob er konsequenter seine Versetzung hätte betreiben müssen; ob er sich zu sehr mit den Bedingungen in Auschwitz arrangiert hatte; ob es Bequemlichkeit war?

Antworten, die ihn zufriedengestellt hätten, fand er nicht. Dafür tauchten immer wieder die Bilder vor seinen Augen auf. Die Ermordung des Babys, die Vergasung der Menschen im Roten Haus, die Toten in den Verbrennungsgruben.

Welche Erklärungen fand er für sein Verhalten? »Wir waren darauf dressiert, Befehle zu befolgen!« Das war ein Satz, der ihm dazu einfiel. Ein anderer lautete: »Es war Krieg und im Krieg wird gestorben!« oder »Die bloße Zugehörigkeit zur SS bedeutet nicht, dass man sich schuldig gemacht hat, egal, wo man eingesetzt war.«

Oskar Gröning dachte viel über sich und sein Leben nach, versuchte Worte zu finden, mit denen er es für sich als ein gelungenes, erfolgreiches und auch unbeschwertes beschreiben konnte. So formulierte er in dem Interview mit der BBC: »Jeder Mensch hat die Freiheit, aus seiner Situation das Beste zu machen. Ich habe getan, was jeder normale Mensch tun würde, nämlich für mich und meine Familie das Beste herauszuholen. Mir ist das gelungen, anderen eben nicht. Was früher einmal war, tut nichts zur Sache.« Mit den anderen, denen das offenbar nicht so gelungen sei, meinte er auch die Lagerhäftlinge. Es schien ihn emotional nicht zu berühren.

Wie dachte der Mann Oskar Gröning, wenn er sich Auschwitz-Leugnern entgegenstellte? Wie antwortete er auf Fragen in Interviews? Redete er nur über sich? Darüber, wie er, Oskar Gröning, mit dem Thema Auschwitz umging, oder hatte er in seinen Ausführungen auch die Opfer im Blick? Hatte er Worte dafür gefunden, die er den Opfern sagen könnte? Worte, die ihr Leid respektierten? Oder war er nur mit sich und seinen Rechtfertigungsversuchen beschäftigt?

Einen tiefen Einblick in die Sprach- und Gedankenwelt des Oskar Gröning boten seine Aussagen, die er vor Gericht machte.

Die Ankunft eines Zuges auf der Rampe in Auschwitz beschrieb er mit den Worten: »…Es ging alles ruhig vonstatten. Die Vieh- und Güterwagen wurden geöffnet, die Juden mussten nicht einmal ihr Gepäck selber raus bringen. Es hieß: Da ist Personal, das sich darum kümmert. Man kann sich ja vorstellen was los ist, wenn 45 bis 50 Waggons mit jeweils achtzig Personen auf einmal kommen. In einem Konzentrationslager ist das nun mal so! Die Ankommenden standen in Fünferreihen. … Der Ablauf wurde durch Häftlinge gesteuert. Das war ihr Job, ihr eigenes Interesse. Sie hatten ja auch Vergünstigungen wie Speck, Essen, Huren. Das ging am besten, wenn Ordnung war. So konnte man in 24 Stunden 5 000 Leute versorgen.«

»Versorgen?« fragte der Richter.

»Ja natürlich. Der nächste Transport wurde erst geöffnet, wenn der vorige versorgt war. Der Ordnung wegen wurde so lange gewartet, bis der letzte Waggon abgefertigt war. Alles andere hätte Unruhe verursacht. Die Kapazitäten der Gaskammern und Krematorien waren reichlich begrenzt.«

Zur Frage des Richters nach den Wertgegenständen, die den Menschen abgenommen wurden, antwortete Gröning: »Das gehörte dem Staat. Das hatten die Juden abzuliefern. Die brauchten es ja nicht mehr.«

An anderen Stellen redete er davon, dass die Häftlinge morgens durch das schön geschmiedete Eisentor mit der Inschrift »Arbeit macht frei« gegangen seien, dass er das Geld der Häftlinge »feierlich verbucht« habe, dass die SS eine »zackige Truppe« war und er sich auch noch genau daran erinnern könne, mit welchem Handgriff er Wodkaflaschen geöffnet habe.

Eine persönliche Erklärung, die er durch seinen Anwalt verlesen ließ, war für die Opfer, die im Gerichtssaal saßen, mehr als enttäuschend. Er zog sich darin auf die Befehlsstruktur in der Hierarchie von Auschwitz zurück und wies damit jegliche Verantwortung für sein persönliches Verhalten zurück. Auch den Begriff Mord, zu dessen Beihilfe er angeklagt war, kam in seiner Stellungnahme nicht vor. Er sprach von der »Bequemlichkeit des Gehorsams«, die keine Widersprüche zuließ. Er richtete kein Wort der Reue oder Entschuldigung an die Opfer. Als Einziges erklärte er, dass seine Wortwahl anfangs etwas unglücklich gewesen sei. In der Verhörsituation sei er in den Tonfall der SS geraten.

Sein Beitrag in Auschwitz sei es gewesen, dass das Lager funktioniert habe.

Wie muss dieser Satz in den Ohren der Opfer geklungen haben, wenn jemand sagt, durch seinen Beitrag habe alles gut funktioniert? Meinte er damit das Morden und die Qualen, die die Menschen in den Gaskammern erleiden mussten? Er hatte doch die Schreie der Menschen gehört! Hatte er sie vergessen?

Verdrängt? Oder hatte er Auschwitz tatsächlich als eine Notwendigkeit betrachtet? Hatte er in all den Jahren seine Einstellung nicht geändert, weswegen er so reden musste?

Gab es für Oskar Gröning eine Grenze, die er überschritten hatte, damals in Auschwitz und nun im Gerichtssaal?

Sprache II

Auch sie, die Überlebenden, hatten jahrelang nicht darüber geredet, hatten versucht, ihre Erfahrungen in Auschwitz zu verdrängen. Ein normales und unbeschwertes Leben wollten sie führen. Selbst mit ihren Ehepartnern sprachen sie nicht über die Qualen, die sie erlitten hatten. Ihre Partner sollten geschont werden, sie sollten sich keine Gedanken machen, schließlich hatte man ja überlebt. Doch Auschwitz hatte die Überlebenden nie verlassen. Es tauchte in Ängsten, Träumen und Verhaltensweisen immer wieder auf. Es gab keinen Knopf, mit dem man die Erinnerungen hätte abschalten können.

Erst viele Jahre später – meist waren die Ehepartner schon verstorben –, ließen die Überlebenden ihre Erinnerungen wieder zu, fingen an, für das Unbeschreibliche Worte zu finden. Wie konnten sie das Geschehene beschreiben? Würde ihnen jemand zuhören? Würde ihnen jemand glauben, wenn sie über ihre Zeit in Auschwitz redeten?

Nun, nach mehr als siebzig Jahren standen sie vor einem deutschen Gericht. Sie waren Zeugen der Nebenklage. Angeklagt war einer der vielen Täter von Auschwitz, einer, wie ihre Anwälte ihnen versicherten, der mit dazu beigetragen hatte, dass das Morden im Lager funktioniert hatte.

Die Überlebenden wussten, dass sie mit ihren Aussagen ihre Angehörigen nicht wieder zurückbekommen würden. Niemand konnte ihnen die Toten wiedergeben. Doch sie hofften, dass das Gericht ein Urteil sprechen würde, mit dem die Morde von Auschwitz als Verbrechen gesehen wurden.

Max Eisen war der erste, der in den Zeugenstand trat. Er war in einem Dorf in der Tschechoslowakei aufgewachsen. Seine Aussage begann er mit der Erinnerung: »Es war im Jahr 1938. Mein Vater hatte ein Radio und er hatte alle unsere Freunde dazu eingeladen, um eine Radioansprache zu hören. Dann kam eine laute Stimme, und was ich verstand, war eine Zeile: ›Wir werden die Juden ausradieren!‹«

Zehn Jahre war Max damals alt gewesen und er hatte nicht gewusst, was der Satz bedeuten sollte. Ja, er war Jude, aber wie konnte man ihn ausradieren? Die Bedeutung des Satzes erfuhr er erst einige Jahre später. Er wurde mit seiner ganzen Familie nach Auschwitz deportiert. Die Mutter wurde mit den jüngeren Geschwistern und den Großeltern sofort für die Gaskammer selektiert. Max und sein Vater kamen ins Stammlager Auschwitz und mussten in einem Arbeitskommando schwere Feldarbeit leisten. Die tägliche Essensration war der Arbeit nicht angemessen. Das, was sie bekamen, hatte vielleicht dreihundert Kalorien, so schätzte Max Eisen.

Eines Abends wurde auch Max' Vater Opfer einer Selektion. Er wurde für zu schwach befunden, weiterhin im Arbeitskommando zu arbeiten.

Max erinnerte sich: »Als ich am nächsten Morgen zu seiner Baracke lief, war er nicht mehr da. Sie waren schon im Quarantäne-Bereich des Lagers. Am Fenster konnte ich mich zwei Sekunden von ihm verabschieden.«

Ein weiterer Zeuge, William Glied, hatte seinem Vater im Lager beschrieben, was er von jungen Mitgefangenen über die

Menschen erfuhr, die nicht arbeitsfähig waren. William wollte es wissen, weil seine Schwester doch erst acht Jahre alt war. Konnte das sein, was er erfahren hatte?

William schilderte seinem Vater, was die Mithäftlinge ihm erzählt hatten. Der Vater antwortete: »Glaub das nicht, das sind doch zivilisierte Menschen, die machen so etwas nicht. Die bringen kleine Mädchen nicht um!«

Williams Vater brauchte einige Tage, bis er begriff, dass die jungen Mitgefangenen seinem Sohn die Wahrheit gesagt hatten.

Die Zeugin Hedy Bohm beschrieb in der Verhandlung die Trennung von ihrer Mutter mit den Worten: »Ich rief meine Mutter, sie drehte sich um. Wir haben uns angesehen, sie war sprachlos. Danach drehte sie sich um und ging weiter. Ich habe sie nie wieder gesehen.«

Hedy Bohm traf in Auschwitz auch ihre Klassenkameradin und beste Freundin. Sie war vom Leben im Lager schon sehr gezeichnet. Eines Tages bat die Freundin Hedy: »Wenn du zurückkommst, sag meinem Freund, wie sehr ich ihn geliebt habe. Ich schaffe das hier nicht, aber du, das weiß ich.«

Ted Bolgar beschrieb die Situation am Tag der Ankunft in Auschwitz, nachdem sie die Häftlingskleidung bekommen hatten, so: »Wir bekamen eine große Schüssel Suppe für sechs Männer, aber keinen Löffel. Sie sagten: ›Ihr seid Hunde, dann esst auch so!‹ Ich habe mir oft gewünscht, sie hätten uns so gut behandelt wie ihre Hunde.«

Susan Pollack (damals 14 Jahre) erzählte von ihrer Ankunft in Auschwitz: »Als sich die Tür öffnete, frische Luft hereinströmte, dachte ich, das ist fantastisch. Wer noch gehen konnte, stieg selbständig aus dem Waggon. Draußen ergriffen sofort Terror und Angst meine Seele. Das war jenseits aller Vorstellungskraft.« Sie wurde von der Mutter und vom Bruder getrennt. Ein junger Mann in gestreifter Häftlingskleidung trat auf sie zu und flüsterte ihr in ihrer Muttersprache zu: »Sag, dass du 15 Jahre alt bist.« Susan wusste nicht, was der Satz bedeuten sollte, gab aber, als sie von einem SS-Mann befragt wurde, genau dieses Alter an. Die kleine Lüge rettete ihr das Leben.

In einer abschließenden Erklärung wandte sich Hedy Bohm direkt an den Angeklagten Oskar Gröning, aber auch an das Gericht:

»Ich hätte mir in meinen schönsten Träumen nicht vorstellen können, dass ich hier einmal sprechen würde. Ich habe vor zehn Jahren angefangen, meine Geschichte zu erzählen. Ich habe kein Gefühl von Rache dem Angeklagten gegenüber, kann aber auch nicht vergeben. Niemals! Den Mördern meines Vaters und meiner Mutter kann ich nicht vergeben. Vielleicht kann Gott vergeben.«

Der Zeitzeuge Eugene Lebovitz wurde im Zeugenstand vom Richter gefragt, wie sich für ihn die Situation nach der Ankunft in Auschwitz-Birkenau dargestellt habe.

Lebovitz beschrieb es so: »Man durfte kein Gepäck mitnehmen, alles blieb im Viehwaggon, und wir wurden vertrieben. Es gab keine Panik, es blieb aber auch nicht ruhig, wir hatten keine Ahnung, was da vor sich ging. Ich wusste nicht, dass es Krematorien gab, aber ich merkte: Das war ein Todeszelt. 35 meiner Angehörigen wurden umgebracht. Das waren Kinder. Ein Cousin hatte drei Babys. Die sind sofort vergast worden. Ich hatte acht Onkel und sechs Tanten. Außer mir, meinem Bruder und meiner Schwester hat niemand überlebt.«

Auf die Frage des Richters beschrieb er auch, was mit den Wertsachen geschah. »Jeder hatte eine Menge dabei. Schon als wir im Ghetto waren, wurde uns einiges abgenommen. Die Leute haben alles versteckt, deswegen mussten wir uns ja auch ausziehen. Sogar die Mundhöhlen haben sie ausgeleuchtet. Wenn ich jetzt nach Auschwitz komme und sehe diesen Tisch – da wurden uns die Goldzähne gezogen. Die Leute hatten Geld in ihre Jacken eingenäht, in die Schulterpolster, jeder, der dort war. Da gab es eine Menge Wertsachen.«

Während der Aussage von Eugene Lebovitz sah der Richter immer wieder zu Oskar Gröning. Der zeigte keine Regung.

Kathleen Zahavi, die beschrieb, wie ihre ganze Familie mitsamt der Verwandtschaft in Auschwitz ermordet wurde, wandte sich am Schluss ihrer Ausführungen direkt und mit sehr emotionalen Worten an Oskar Gröning. »Herr Gröning, Sie haben gesagt, Sie hätten sich moralisch mitschuldig gemacht. Das ist nicht genug. Sie haben sich freiwillig gemeldet. Sie wussten, was in Auschwitz passiert. Ich hoffe, dass die Bilder Sie für den Rest Ihres Lebens begleiten. Sie durften in Freiheit alt werden. Meine Eltern durften das nicht. Sie waren nicht bei meiner Hochzeit. Meine Kinder haben ihre Großeltern nie kennengelernt. Auch wenn ich überlebte: Ich war nie so frei wie Sie, Herr Gröning. Meine Schwester, die überlebte, hat sich bis heute nicht erholt. Sie ist bis heute eine traurige Person. Ich habe zwei wundervolle Kinder. Eines von ihnen ist heute hier, um mich zu stützen, wenn ich Ihnen gegenübertrete, Herr Gröning. Ich will Ihnen zeigen: Die Nazis haben uns nicht alle weggemacht. Für diesen Prozess kam ich extra aus Kanada. Es ist das Letzte, was ich tun kann.«

Sachverständige

Das Gericht hatte Wissenschaftler beauftragt, bestimmte Fragestellungen für die Beurteilung von Sachverhalten im Zusammenhang mit den Tatvorwürfen gegen Oskar Gröning darzustellen.

1. Sachverständiger: Dr. Stefan Hördler, Historiker, Leiter der KZ-Gedenkstätte Mittelbau-Dora

Dr. Hördlers Ausführungen bezogen sich auf die Ungarn-Aktion. Anhand von Dokumenten legte er dar, dass das Kommando Eichmann, das unter der Leitung dieses SS-Mannes die Deportationen plante, mit 700 Mann unterstützt wurde. Mehr Personal sei aus Deutschland nicht erforderlich gewesen, denn die ungarischen Behörden, insbesondere aber die ungarische Polizei, hätten den Großteil dieser Arbeit durchgeführt.

Ein weiteres Dokument belegte, dass über 430 000 ungarische Juden für die Deportation nach Auschwitz vorgesehen waren.

Weiterhin führte Dr. Hördler aus, dass auf Befehl des SS-Hauptamt-Chefs Gottlob Berger ein Ringtausch unter den Kommandanten der Konzentrationslager stattfand. Rudolf Höß übernahm wieder das Kommando in Auschwitz. Weitere Namen von SS-Männern wurden aufgezählt, die nach Auschwitz versetzt wurden. Darunter auch Franz Hößler*, der Erfahrungen mit offener Leichenverbrennung hatte. Alles in allem habe es sich um Mord-Experten gehandelt, die ins Lager versetzt wurden.

Dr. Hördler betonte, dass die Verlegung des Gleisanschlusses in das Lager hinein deswegen durchgeführt wurde, weil man mit einer großen Masse an Menschen gerechnet habe. Sie mussten dann nicht mehr von der alten Rampe aus ins Lager geführt werden, sondern waren direkt vor Ort.

Weiterhin mussten SS-Männer eine Verpflichtungserklärung unterschreiben, die in unmittelbarem Zusammenhang mit der Ungarn-Aktion stand. Die Erklärung enthielt folgenden Wortlaut:

- Mir ist bekannt und ich bin heute darüber belehrt worden, dass ich mit dem Tode bestraft werde, wenn ich mich an Judeneigentum jeglicher Art vergreife.
- Über alle während der Judenevakuierung durchzuführenden Maßnahmen habe ich unbedingt Verschwiegenheit zu bewahren, auch gegenüber meinen Kameraden.
- Ich verpflichte mich, mich mit meiner ganzen Person und Arbeitskraft für die schnelle und reibungslose Durchführung dieser Maßnahmen einzusetzen.

Dass die SS-Leute sich an jüdischem Eigentum nicht bereichern durften, war ihnen schon vorher hinlänglich bekannt gewesen, auch wenn dieses Verbot von allen weitgehend ignoriert wurde.

Die Verschwiegenheitsverpflichtung hatte da eine größere Bedeutung. SS-Männer hatten im Rahmen der Ungarn-Aktion unterschiedliche Aufgaben. Nicht einmal untereinander durften sie nach dieser Erklärung darüber reden, was ihre jeweilige Aufgabe war.

Und schließlich musste sich jeder(!) verpflichten, sich mit seiner ganzen Person und Arbeitskraft für die schnelle und reibungslose Durchführung dieser Maßnahme einzusetzen. Alle waren damit in die Mordmaschinerie eingebunden, auch Oskar Gröning.

SS-Hauptscharführer Bernhard Walter*, der im Erkennungsdienst der politischen Abteilung in Auschwitz arbeitete, fotografierte mit seinem Mitarbeiter Ernst Hofmann* ab Mai 1944 Transporte ungarischer Juden von der Ankunft an der Rampe über die Selektionen bis hin zu dem Weg der Menschen in die Gaskammern.

Dr. Hördler zeigte am Beispiel einiger Fotos, wie die Selektionen stattfanden. Zunächst wurden Männer und Frauen getrennt, danach wurden aus beiden Gruppen die noch für arbeitsfähig gehaltenen Menschen herausgesucht, alle anderen machten sich in langen Schlangen auf den Weg zu den Gaskammern und Krematorien, ohne dass sie wussten, wohin ihr Weg führte.

Auf einem dieser Fotos könne auch Oskar Gröning abgebildet sein. Es gebe eine gewisse Ähnlichkeit mit einem Brillenträger, man solle aber, wenn das Bild als Beweis für notwendig befunden würde, es anhand von Fotos mit einer höheren Auflösung überprüfen.

Weder der Angeklagte noch seine Anwälte bestritten, dass es sich bei dem Brillenträger um Oskar Gröning handeln könnte.

Auf Nachfrage des Richters hinsichtlich des Einsatzes auf der Rampe führte Dr. Hördler aus, dass gerade während der Ungarn-Aktion alle SS-Männer zum Rampendienst eingeteilt wurden, auch die aus dem Bereich der Häftlings-Eigentums-

Eine Reihe jüdischer Männer während der Selektion

Diese jüdischen Frauen wurden als Zwangsarbeiterinnen selektiert.

Verwaltung. Man könne also davon ausgehen, dass jeder einmal pro Woche auf der Rampe stand.

Gröning bestritt dies. Er sei in der gesamten Zeit nur dreimal auf der Rampe gewesen, einmal offiziell, weil er dazu eingeteilt gewesen sei, zweimal in Vertretung für Kameraden.

Der Sachverständige hielt diese Aussage für unwahrscheinlich. Er begründete das damit, dass in früheren Prozessen Beschuldigte ähnliche Zahlen wie Gröning genannt hätten.

2. Sachverständiger: Prof. Dr. Frank Bajohr, Historiker, Institut für Zeitgeschichte, München

Dr. Bajohr führte aus, dass der Massenmord an den europäischen Juden gleichsam auch ein Massenraub gewesen sei. In

Menschen, die für den Tod bestimmt waren. Letzte Momente im Kreise der Familie, bevor sie in die Gaskammer getrieben wurden.

SS-Männer und Häftlinge des Kanada-Kommandos auf der Rampe

die heutige Währung umgerechnet, handele es sich um einen Betrag von 100 Millionen Euro an ausländischen Devisen, die den Menschen in Auschwitz und den anderen Konzentrationslagern geraubt wurden. Hinzu kämen 6,2 Tonnen Gold.

Zu den Versetzungsanträgen von Oskar Gröning an die Front sagte der Historiker: »Sein Name stand auf einer Liste der Standortverwaltung Auschwitz. Unter der Rubrik ›abkömmlich: ja / nein‹ ist ein ›ja‹ vermerkt.«

Wenn Gröning also wirklich Versetzungsanträge gestellt habe, wären sie sicher genehmigt worden. Es liege jedoch nahe, dass Gröning keine Anträge gestellt habe, da die Personalakten keine entsprechenden Schriftstücke aufwiesen.

Ferner präsentierte er Oskar Grönings Zeugnis über seine Zeit in Auschwitz. Es trägt folgenden Wortlaut: »Oskar Gröning war seit 28. September 1942 für die Gefangenen-Eigentums-Verwaltung zuständig. Alle ihm übertragenen Aufgaben hat er mit Fleiß und Sorgfalt erledigt. Gröning hat einen einwandfreien Charakter. Sein soldatisches Auftreten war jederzeit stramm und korrekt. Weltanschaulich ist er gefestigt.«

3. Sachverständige: Dr. Sven Anders, Oberarzt der Rechtsmedizin des Universitätsklinikums Hamburg-Eppendorf

Dr. Anders erläuterte die Wirkung von Zyklon B, wie sie in Auschwitz-Birkenau zur Ermordung der Menschen eingesetzt wurde (Hersteller des Gases war die »Deutsche Gesellschaft zur Bekämpfung von Schädlingen, Degesch).

»Zyklon B ist als Blausäure oder Zyanid bekannt. Nur jeder Zweite kann Zyanid riechen. Es ist leichter als Luft und dringt beim Einatmen in die kleinsten Verästelungen der Lungen. Es blockiert die Zellatmung. Das Gehirn und das Herz werden zuerst betroffen. Es beginnt mit einem stechenden Gefühl im Brustkorb und beim Einatmen. Bei hoher Konzentration kommt es rasch zur Bewusstlosigkeit. Tödlich ist dann ein Herz-Kreislauf-Stillstand.«

Weiterhin schilderte er, dass das Atmen zu schmerzhaften Krämpfen führen könne. Kleine Menschen wie Kinder seien in den Gaskammern zuletzt gestorben, da sich das Gas zuerst in den oberen Regionen verbreitet habe. Selbst eine Bewusstlosigkeit trete bei niedrigen Konzentrationen nicht sofort ein. Den Tod könne man oft erst nach etwa dreißig Minuten feststellen.

Die Ausführungen dieses Sachverständigen waren notwendig, um den Vorwurf der Grausamkeit der Ermordung zu verdeutlichen.

Plädoyers

Der Staatsanwalt erläuterte in seinen Ausführungen, dass der Vorwurf gegen Oskar Gröning wegen Beihilfe zu 300 000-fachem Mord aus Heimtücke und Grausamkeit rechtlich nachweisbar sei.

Die Tätigkeit von Oskar Gröning könne keinem konkreten Ungarn-Transport zugerechnet werden. Er hatte jedoch während der gesamten Aktion von Mai bis Juli 1944 Dienst sowohl auf der Rampe als auch in der Verwaltung. In dieser Zeit galt eine allgemeine Urlaubssperre für alle SS-Bediensteten in Auschwitz. Der Angeklagte wusste, was geschehen würde. Die Veränderungen, die in den Wochen und Monaten zuvor stattgefunden hatten, waren bekannt. Die Bahngleise wurden von der alten Judenrampe, die sich außerhalb des Lagers befand, durch das Tor in das Lager hineingeführt und endeten kurz vor den Gaskammern. Weitere Verbrennungsgruben wurden ausgehoben, ein Krematorium wieder in Betrieb genommen. Rudolf Höss war nach Auschwitz zurückgekehrt, um die Ungarn-Aktion verantwortlich durchzuführen. Und wie der Sachverständige Dr. Hördler erläutert hatte, musste auch Gröning sich schriftlich dazu verpflichten, mit ganzer Kraft für einen reibungslosen Ablauf der Aktion zu sorgen.

Die Schlussfolgerung: Durch seinen Dienst hat der Angeklagte dazu beigetragen, dass die Mordmaschinerie Mitte Mai 1944 in einem bis dahin nie gekannten Umfang funktionierte.

An der Rampe war er dafür verantwortlich, dass nach den Selektionen das Gepäck weggeschafft und die Rampe gereinigt wurde, bevor der nächste Transport eintraf. Kein Argwohn sollte sich unter den neu Ankommenden breit machen. Auch in der Verwaltung gab es viel mehr zu tun als in den Monaten zuvor. Gröning wusste, wessen Geld er da zählte. Und er wusste, was mit den Menschen geschah, deren Gepäck hier verwaltet wurde. Die Tötungsmaschinerie von Auschwitz bestand aus vielen kleinen Teilen. Gröning hatte sich ja selbst als ein kleines Rädchen bezeichnet. Jeder, der in Auschwitz Dienst tat, trug zum Ganzen mit bei. Dadurch, dass der Angeklagte mitmachte, war er ein Teil dieser funktionierenden Maschine.

Den Tatbestand der Heimtücke begründete der Staatsanwalt damit, dass die neu eingetroffenen Menschen keine Gelegenheit hatten, wie auch immer zur Besinnung zu kommen. Gröning hatte das mit den Worten beschrieben: »Sie waren völlig unbedarft.« Den Menschen wurde erzählt, dass sie nun nach der langen Zugfahrt zum Duschen geführt würden. Das Gepäck würde ihnen nachgebracht. Die Gaskammern waren als Duschräume getarnt. Bis zuletzt waren die Menschen in dem Glauben, dass nun bald Wasser fließen würde.

Die bewusste Ausnutzung der Arglosigkeit der Menschen erfülle das Mordmerkmal der Heimtücke. Das Mordmerkmal der Grausamkeit werde dadurch erfüllt, dass die in den Gaskammern eingesperrten Menschen erkannten, sie sollten umgebracht werden. Sie hörten die Schreie und beobachteten die Todeskämpfe der jeweils anderen, bevor sie selbst qualvoll starben.

Doch nicht nur die unvorstellbar hohe Zahl der Toten sei zu

betrachten, sondern auch die schweren Folgen für die Überlebenden, die auch noch nach all den Jahrzehnten um ihre ermordeten Angehörigen trauerten. Ihr Leben sei gekennzeichnet von den Erlebnissen in Auschwitz. Sie sagten aus, dass sie 49, 50, 84, 100 und 120 Familienmitglieder verloren hätten, brutal ermordet in den Gaskammern.

Positiv bewertete der Staatsanwalt, dass Oskar Gröning die Wahrheit gesagt und Versetzungsgesuche gestellt habe, um sich Auschwitz zu entziehen; dass er in den späteren Jahren nicht mehr straffällig wurde und er sich ab Mitte der 1980er Jahre Auschwitz-Leugnern entgegenstellte. Damit habe er einen Beitrag zur Aufklärung der Verbrechen in Auschwitz geleistet. Ferner würdigte der Staatsanwalt, dass Gröning sich trotz seines hohen Alters und seiner angeschlagenen Gesundheit dem Verfahren gestellt habe.

Die Staatsanwaltschaft beantragte drei Jahre und sechs Monate Haft, ein Jahr und zwei Monate sollten dabei schon als verbüßt gelten, da es in der Vergangenheit rechtswidrige Verfahrensverzögerungen gegeben habe.

Die Vertreter der Nebenklage würdigten zunächst die Zusammenfassung des Strafvorwurfs durch die Staatsanwaltschaft, kritisierten aber die niedrige Strafbemessung. Letztendlich verzichteten sie jedoch darauf, eigene Strafvorschläge zu machen. Das würden sie in die Verantwortung des Gerichts stellen. Wichtiger als die Strafbemessung sei für sie und damit für ihre Mandanten das Urteil selbst.

Kritik übten sie an Oskar Gröning, weil er es an all den Verhandlungstagen versäumt habe, offen über das System Auschwitz zu reden. Er als Täter, als einer, der Auschwitz von der anderen Seite her kannte, hätte sowohl dem Gericht, besonders aber den anwesenden Überlebenden einen Einblick in die Tötungsmaschinerie geben können.

Die Verteidigung plädierte für einen Freispruch von Oskar Gröning. Sie begründete das zum einen mit der extremen Verzögerung des Prozesses. Bereits 1978 sei er schon einmal von der Staatsanwaltschaft vernommen worden und habe ausführlich über seine Arbeit in Auschwitz Auskunft gegeben. Dies sei das erste Mal gewesen, dass der Angeklagte über seine Tätigkeiten im Lager gesprochen habe. 1985 sei das Verfahren gegen ihn, von dem er keine Kenntnis hatte, eingestellt worden. Nicht einmal die Einstellungsgründe seien für die Akten formuliert worden.

Die deutsche Strafjustiz habe die notwendige Aufgabe der Aufarbeitung der NS-Vergangenheit versäumt. Hätte Gröning, so der Verteidiger, in den 60er oder 70er Jahren vor Gericht gestanden, dann hätte er davon ausgehen können, freigesprochen zu werden. In diesem Fall hätte er mit einer erneuten Anklage nicht mehr rechnen müssen. Man könne ihn nun für die Versäumnisse der deutschen Justiz nicht verantwortlich machen.

Weiterhin widersprach der Anwalt der Argumentation der Staatsanwaltschaft, Gröning für seinen Dienst in Auschwitz zur Rechenschaft zu ziehen. In Auschwitz habe es eine klare Arbeitsteilung gegeben. Grönings Aufgabe an der Rampe sei es gewesen, das Gepäck zu bewachen. Als Beihilfe zum Mord könne das nicht gewertet werden. Dieser Tatbestand liege nur dann vor, wenn der Beihilfe Leistende einen aktiven Beitrag zum Gelingen der Tat vollbracht habe. Dies sei bei Gröning nicht der Fall und müsse bei der Strafbemessung berücksichtigt werden.

Selbst die Tatsache, dass Gröning während seines Dienstes auf der Rampe eine Pistole trug, die sich unter der Uniformjacke befand, sei nicht ausschlaggebend. Sie sei für die neu ankommenden Menschen nicht sichtbar gewesen. Er habe sie auch nur auf Anweisung zur eigenen Sicherheit getragen. Durch die nach außen erkennbare Arbeitsteilung auf der Rampe, bei der SS-Männer mit Gewehren bewaffnet waren, habe die Pistole keine Rolle gespielt.

Schließlich wurde von der Verteidigung noch die Kronzeugenregelung vorgebracht. Die Aussagen von Gröning hätten mit zur Verurteilung von Gottfried Weise, genannt der »Tell von Auschwitz«, geführt. Die Tatsache, dass er gegen Täter von Auschwitz ausgesagt habe, und dies auf freiwilliger Basis, denn von seinem Recht auf Auskunftsverweigerung habe er keinen Gebrauch gemacht, müsse sich strafmildernd auswirken.

Für die enorm lange Verzögerung des Prozesses – insgesamt 37 Jahre seit dem ersten Verhör 1978 bis zur Wiederaufnahme des Verfahrens im Jahr 2014, ohne dass der Angeklagte darüber in Kenntnis gesetzt wurde –, könne zur Entschädigung eine Freiheitsstrafe von drei Jahren als abgegolten gelten.

Ebenso sei zu berücksichtigen, dass Oskar Gröning Reue gezeigt habe. Auch dies sei strafmildernd zu bewerten. Und schließlich müsse man das hohe Alter des Angeklagten betrachten. Mit 94 Jahren könne jede Freiheitsstrafe für ihn ein Lebenslänglich bedeuten.

Im Namen des Volkes

Am 15. Juli 2015 um 9:45 Uhr betrat der Richter Franz Kompisch, der die Verhandlungen geleitet hatte, den Saal. Er bat darum, die Anwesenden sollten gleich stehen bleiben. Dann verkündete er den Beschluss der Kammer:

»Im Namen des Volkes ergeht folgendes Urteil: Der Angeklagte ist schuldig der Beihilfe zum Mord in 300 000 rechtlich zusammentreffenden Fällen. Er wird zu einer Freiheitsstrafe von vier Jahren verurteilt. Er trägt die Kosten und die Auslagen der Nebenkläger.«

Nachdem alle wieder Platz genommen hatten, begründete der Richter das Urteil.

Zunächst begann er mit der Frage, die vor dem Prozess häufig gestellt werde. Muss das sein? Nach siebzig Jahren? Kann man nach so einem langen Zeitraum diesen Komplex juristisch noch aufarbeiten? Wie wird man all den Beteiligten in diesem Verfahren gerecht; dem Täter Oskar Gröning auf der einen Seite, den im Gericht vertretenen Opfern, aber auch den Opfern insgesamt, auf der anderen Seite?

Der Richter vertrat die Auffassung, dass man auch nach dieser langen Zeit noch Gerechtigkeit schaffen könne. Für Taten wie Mord oder auch Beihilfe zum Mord gebe es keine Verjährungsfristen.

Schließlich stellte Kompisch fest, Gröning habe, trotz aller Indoktrination in jener Zeit, eigenständige Entscheidungen getroffen. Er wollte, als er das entsprechende Alter erreicht hatte, Mitglied in dieser »zackigen Truppe« werden, wie Gröning es formuliert hatte. Dort wurde er gebraucht. Als Bankkaufmann kannte er sich mit Devisen aus. Es sei das Konzept der SS gewesen, nicht nur sadistische Täter in den eigenen Reihen zu haben, sondern gerade auch Leute wie Oskar Gröning, die einen gewissen Bildungsstand hatten.

Danach ging der Richter auf das Konzentrationslager Auschwitz ein. Auschwitz sei insgesamt eine Mordmaschinerie gewesen, stellte er fest. Die Betonung liege auf dem Wort »insgesamt«.

Oskar Gröning habe in seinen Einlassungen dargestellt, dass er nur ein kleines Rädchen in diesem gesamten Apparat gewesen sei. Auschwitz sei aber so von den Nazis organisiert worden, dass keiner, der dort arbeitete, ein Schuldgefühl für den Massenmord haben sollte. Das Morden sei in viele Abläufe zerstückelt worden. Er, Gröning, habe das von daher richtig dargestellt, nur ein kleines Rädchen gewesen zu sein. Eines, das in der Häftlings-Geld-Verwaltung Devisen zählte. Dienste dieser Art habe es viele gegeben, Fahrdienste, Wachdienste, es gab Köche in Auschwitz. Alle haben sie an ihrem Ort funktioniert. Und genau der Vorgang, den Gröning beschrieben habe, stelle die Tatbeteiligung dar: Beihilfe zum Mord. Gröning habe zu keinem Zeitpunkt glauben können, dass auch nur einer der Häftlinge das Lager lebend verlassen würde, dies sei von ihm selbst so in der Verhandlung erklärt worden. Er persönlich habe niemanden umgebracht, aber durch seine Mitwirkung konnten alle Rädchen der Maschine laufen wie geschmiert.

Ebenso sei sein Dienst auf der Rampe zu bewerten. Er habe

lediglich das Gepäck bewacht, so Grönings Aussage. Doch auch diese Tätigkeit habe sich genau in die Tötungsmaschinerie eingefügt. Mehr noch. Während er die Devisen zählte, sei er in seinem Büro räumlich abgeschirmt gewesen. Aber auf der Rampe hätte er das Leiden der ankommenden Menschen doch sehen müssen. Er habe gewusst, was mit den Deportierten geschehen würde. Die meisten starben noch am Tag ihrer Ankunft, die wenigen anderen, die man noch für die Arbeit selektiert hatte, würden auch nicht lange überleben. Vernichtung durch Arbeit hatte die SS das genannt.

»Herr Gröning«, sprach der Richter den Angeklagten direkt an, »Sie haben eine moralische Mitschuld durch Ihr Mitwirken in Auschwitz eingeräumt.« Genau das sei es aber, was der Gesetzgeber als Beihilfe zum Mord bezeichne. Seine Mitwirkung, sein Tun in Auschwitz sei die Förderung der Ermordung der europäischen Juden gewesen.

Auf die Frage, ob die Haupttat in Auschwitz als Mord zu bezeichnen sei, führte der Richter gleich zwei Mordmerkmale an: Grausamkeit und Heimtücke.

Die Tatsache, dass die Menschen über mehrere Tage in Viehwaggons antransportiert worden seien, erfülle allein schon den Tatbestand der Grausamkeit. Die im Gericht anwesenden Überlebenden hätten eindrücklich diese Fahrten nach Auschwitz geschildert. Das langsame und qualvolle Ersticken in den Gaskammern sei nach menschlichem Ermessen nicht zu fassen. »Erinnern wir uns an die Schilderung des Sachverständigen und auch daran, dass das Gas leichter als Luft ist und bei kleinen Menschen und Kindern der Tod später eintritt.«

Auch der Tatbestand der Heimtücke sei eindeutig gegeben.

Wie auch von der Staatsanwaltschaft schon festgestellt worden sei, habe man den Menschen erzählt, man führe sie zum Duschen. »Diese Menschen gingen völlig wehrlos in ihren Tod!« empörte sich der Richter.

Gegen Ende seiner Ausführungen wandte er sich dann noch einmal an den Angeklagten.

»Diese Tat war ein unfassbares Verbrechen. Nicht nur bei der Ungarn-Aktion, sondern seit dem Beginn Ihrer Dienstzeit in Auschwitz waren Sie darin einbezogen. Aus diesem Grund konnten wir bei der Strafbemessung nicht im unteren Bereich bleiben.« Vier Jahre sei, in Anbetracht des hohen Alters des Angeklagten, eine lange Zeit. Die Wahrscheinlichkeit, dass er das Strafende erlebe, sei daher gering. Für einen Verurteilten müsse es jedoch die Hoffnung geben, dass er nach Strafende wieder in Freiheit leben könne. Interpretationen, was damit gemeint war, sind hier schwierig. Vielleicht ging der Richter bei diesem Gedanken von einer vorzeitigen Haftentlassung aus.

»Und noch etwas«, fügte der Richter hinzu. »Ihr Verhalten verdient aus mehreren Gründen auch Respekt. Sie haben sich Ihrer Verantwortung gestellt, sich damit auseinandergesetzt und trotz Ihres hohen Alters und Ihrer angeschlagenen Gesundheit durchgehalten. Nun müssen Sie mit dem Urteil, das über Sie gesprochen wurde, umgehen. Ob Sie in Haft genommen werden, kann zu diesem Zeitpunkt noch nicht gesagt werden.«

Gröning muss seine Haftstrafe antreten

Nachdem das Landgericht Lüneburg wie auch später das Oberlandesgericht in Celle einen Antrag auf Haftaufschub für Oskar Gröning abgelehnt hatten, reichten seine Anwälte Beschwerde beim Bundesverfassungsgericht in Karlsruhe ein. Die Anwälte begründeten ihren Antrag zum einen mit dem Gesundheitszustand von Oskar Gröning, führten aber auch aus, dass ein wegen schwerer Schuld Verurteilter eine realistische Chance haben muss, die Freiheit wiederzuerlangen. Ferner sei zu befürchten, dass der Gesundheitszustand ihres Mandanten durch den Verlust des sozialen Umfelds gefährdet sei. Depressionen und eine Verschlechterung des körperlichen und geistigen Zustandes könnten die Folge sein.

Das Bundesverfassungsgericht wies die Beschwerde zurück. In einer Mitteilung vom 29. Dezember 2017 durch das Gericht heißt es, dass das »hohe Lebensalter des Beschwerdeführers« als Grund nicht ausreichend sei, »um von der Durchsetzung des staatlichen Strafanspruchs abzusehen.« Drohenden gesundheitlichen Problemen könne durch entsprechende medizinische Vorkehrungen Rechnung getragen werden.

Die zuständige Staatsanwaltschaft Hannover teilte mit, dass Oskar Gröning nun zeitnah zum Antritt seiner Strafhaft geladen werde.

Warum erst jetzt?

Soll der Staat auch heute noch, mehr als siebzig Jahre nach dem Holocaust, Täter verfolgen und sie vor Gericht stellen? Es sind doch in der Zwischenzeit alte Menschen, man sollte sie in Ruhe lassen. Die Zeit erledigt das Problem von selbst.

Diese Sätze werden häufig als Begründung dafür angeführt, nicht mehr an diesen lange zurückliegenden Verbrechen zu rühren.

Auch Oskar Gröning war 93 Jahre alt, als im April 2015 das Verfahren gegen ihn eröffnet wurde. Wieso erst so spät? Warum hat man ihn nicht schon früher vor Gericht gestellt?

Um diese Fragen zu beantworten, ist ein Rückblick in die Anfangszeit der Bundesrepublik Deutschland notwendig.

In den ersten Nachkriegsjahren lag die Verfolgung von Nazi-Verbrechen in den Händen der Alliierten, doch gemessen an der Zahl der Anklagen, die damals erfolgten, nicht mit großem Erfolg. 1950 wurden diese Ermittlungen in die Hände der deutschen Justiz übertragen. Die Alliierten gingen davon aus, dass die Verfolgungen in absehbarer Zeit aufhören würden, denn damals verjährte Mord schon nach zwanzig Jahren. Erst später wurde die Frist auf dreißig Jahre verlängert, bis man sie letztlich ganz aufhob.

Nun war Deutschland in den Nachkriegsjahren aber mit anderen Dingen beschäftigt, als sich kritisch und auch juristisch mit der eigenen Vergangenheit auseinanderzusetzen. Konrad

Adenauer hatte schon früh gefordert, endlich mit der Nazi-Schnüffelei aufzuhören. Man brauche schließlich erfahrene Männer sowohl in der Politik als auch in den anderen öffentlichen Bereichen. So fand man in seiner Regierung Männer, die während der NS-Zeit schon entsprechende Funktionen hatten. Auch in der Justiz und bei der Polizei wurden Beamte aus dieser Zeit übernommen. Sie besetzten zum Teil entscheidende Stellen bei Gericht und blockierten oder verhinderten Verfahren gegen NS-Täter.

Fluch und Segen der Frankfurter Auschwitz-Prozesse

Zu Beginn der 1960er Jahre nahm die Frankfurter Staatsanwaltschaft unter der Leitung von Fritz Bauer* Ermittlungen gegen eine Reihe von Auschwitz-Tätern auf. Gegen 22 Männer wurde 1963 in Frankfurt ein Verfahren eröffnet. Fritz Bauer befand die Angeklagten für schuldig, sich an dem Massenmord in Auschwitz beteiligt oder Beihilfe geleistet zu haben. Für ihn spielte es keine Rolle, welcher SS-Mann zu welchem Zeitpunkt einen Häftling ermordet hatte. Er betrachtete Auschwitz schon damals als einen Tatort, an dem sich jeder, der dort Dienst tat, schuldig gemacht hatte.

Ganz anders sah das der Richter, der die Verhandlungen leitete. Er betrachtete Auschwitz nicht in seiner Gesamtheit als einen Ort, an dem die Menschen entweder sofort im Gas oder später durch Arbeit ermordet wurden. Nach seiner Rechtsauffassung hatte in Auschwitz kein industrieller Massenmord stattgefunden. Der Richter versuchte, durch die Befragungen der Angeklagten und auch der vielen Zeugen einen individuellen Schuldnachweis festzustellen. Jedem einzelnen Angeklagten musste nachgewiesen werden, zu welchem Zeitpunkt er wie viele Gefangene ermordet hatte oder ob durch seine Handlungen Häftlinge starben. Die Täter leugneten entweder ihre Taten, konnten sich nicht mehr erinnern oder beriefen sich auf einen Befehlsnotstand.

Für die Überlebenden von Auschwitz, die in Frankfurt als Zeugen vernommen wurden, waren die Taten so natürlich nicht einfach zu belegen, verfügten sie doch während ihrer Zeit im Lager weder über einen Kalender noch über eine Uhr. Sie konnten nur vermuten, wann eine Tat verübt worden war. Trotzdem glaubte das Gericht den Schilderungen, die sie vorbrachten. Von den 22 Angeklagten wurden schließlich 16 zu unterschiedlich langen Haftstrafen verurteilt, die übrigen wurden freigesprochen. Die Urteile selbst waren zum Teil lächerlich gering. Ein Arzt, der nachweislich hundert Menschen an der Rampe für den Tod selektiert hatte, wurde nur zu fünf Jahren Haft verurteilt.

So sehr die öffentliche Wirkung der Frankfurter Auschwitz-Prozesse zu begrüßen ist, weil dadurch eine gesellschaftliche Diskussion angestoßen wurde, haben sie doch für die Justiz einen fatalen Maßstab gesetzt. Selbst der Bundesgerichtshof stützte in seiner Entscheidung weitgehend die Frankfurter Urteile.

Natürlich hatte der Prozess auch eine große öffentliche Wirkung. Die junge Bundesrepublik, die gerade das Nachkriegs-Wirtschaftswunder erlebte, wurde plötzlich mit ihrer Vergangenheit konfrontiert. Während ein Großteil der Generation, die die NS-Zeit durchlebt hatte, den Frankfurter Prozess negativ betrachtete, begann die junge Generation zunehmend, Fragen nach der Vergangenheit zu stellen. Die Eltern-Generation wollte nicht zurückschauen, stellte sich unwissend und richtete den Blick lieber nach vorn. Für sie galt es, das Land neu aufzubauen, ohne an die Altlasten aus der NS-Diktatur erinnert zu werden. In der Justiz gab es aber auch eine personelle Kontinuität. Juristen, die schon während der Nazidiktatur Recht sprachen, saßen oft noch in gleichen oder ähnlichen Positionen. So war der Richter, der die Revisionsentscheidung im Frankfurter Auschwitz-Prozess getroffen hat, Justiziar in der Kanzlei Adolf Hitlers. Unterstützung erhielt die Eltern-Generation aus Teilen der Politik. So schaltete sich der damalige Bundesminister Franz-Josef Strauß mit dem Satz in die Diskussion ein: »Ein Land, das solche wirtschaftlichen Leistungen vollbracht hat, hat ein Recht darauf, von Auschwitz nichts mehr hören zu müssen!«

Auch Fritz Bauer bekam den Druck zu spüren. Staatsanwaltskollegen hatten offenbar Angst um ihre Karriere, wenn ihre Vergangenheit zutage gefördert würde. Sie schreckten nicht einmal davor zurück, Bauers Privatsphäre ausspähen zu lassen, um Ungereimtheiten in seinem Leben aufzudecken.

Durch die Frankfurter Urteile konnten Staatsanwaltschaften und Richter nur noch Täter verfolgen, denen man unmittelbare Mordtaten nachweisen konnte. Die Folge war, dass Tausende SS-Männer, die in Auschwitz Dienst getan hatten, ein von ihrer Vergangenheit unbehelligtes Leben führen konnten. Einer von ihnen war Oskar Gröning. Nur 43 Täter wurden angeklagt und verurteilt.

Trotzdem stand der Name Gröning wie auch die Namen vieler anderer auf einer Liste von NS-Tätern, die in der Zentralstelle zur Verfolgung von NS-Verbrechen* in Ludwigsburg existierte. Die Frankfurter Staatsanwaltschaft nahm 1976 gegen Oskar Gröning und 61 weitere ehemalige Mitarbeiter der Häftlings-Eigentums-Verwaltung Ermittlungen auf. Gröning wurde im Januar 1977 in seiner Heimatstadt vernommen. Er gab das zu Protokoll, was er auch in dem Prozess gegen ihn 35 Jahre später aussagte. Er habe lediglich die Devisen gezählt und gelegentlich auf der Rampe das Gepäck bewacht.

Damals wurde ihm mitgeteilt, dass er sich wegen der Vernehmung keine Sorgen machen müsse, es gebe keine neuen Erkenntnisse. Und schließlich wurde das Verfahren 1985 eingestellt. Oskar Gröning erfuhr davon nichts.

In vergleichbaren Fällen verliefen die Ermittlungen ähnlich. Entweder kam es zu Verfahrenseinstellungen, oder, wenn tatsächlich Anklage erhoben wurde, zu Freisprüchen oder vorzeitigen Abbrüchen der Verhandlungen, weil die Angeklagten verhandlungsunfähig waren.

Oskar Gröning gab im Jahr 2005 dem englischen Sender BBC und auch dem SPIEGEL jeweils ausführliche Interviews, in denen er seine Rolle in Auschwitz beschrieb.

Für die Frankfurter Staatsanwaltschaft war dies wieder Anlass, erste Vorermittlungen zu führen, um eventuell neue Sachverhalte zu entdecken. Doch kamen nach ihrer Einschätzung keine neuen Erkenntnisse zutage. Von daher verzichtete man erneut auf eine Anklage.

Der Fall John Demjanjuk

Im November 2009 wurde in München der Prozess gegen John Demjanjuk* eröffnet. Die Anklage gegen ihn lautete auf Beihilfe zum Mord durch seine Wachtätigkeit im Vernichtungslager Sobibor.

Thomas Walther, langjähriger Richter und Staatsanwalt und zu dieser Zeit Ermittler in der Ludwigsburger Zentralstelle zur Aufklärung von NS-Verbrechen, stellte die notwendigen Beweismaterialien zusammen. Für Thomas Walther war es ein Versuch, gegen die gängige juristische Praxis vorzugehen. Er hatte ohnehin einen anderen Blick auf Auschwitz und die weiteren Vernichtungslager der Nazis, einen ähnlichen, wie ihn auch der schon erwähnte Oberstaatsanwalt Fritz Bauer vertreten hatte.

Nicht die unmittelbare Tat, sondern die Beihilfe zum Mord stand im Mittelpunkt der Verhandlung gegen John Demjanjuk.

Erstmals erkannte ein Gericht in seinem Urteil an, dass nicht nur die unmittelbare Tat in einem Konzentrationslager, sondern auch die Beihilfe zu einer solchen Tat strafwürdig ist. Thomas Walther hatte ein wichtiges Ziel erreicht: Es gab einen neuen Blick auf die Taten in den Vernichtungslagern.

John Demjanjuk wurde im Jahr 2011 zu fünf Jahren Haft verurteilt. Doch noch bevor das Urteil rechtskräftig wurde, starb er.

Mit diesem Urteil war nun ein neuer Maßstab gesetzt. In Juristenkreisen wurde jetzt über die Frage diskutiert, warum man wegen Beihilfe verurteilt werde, wenn man bei einem Bankraub vor der Tür Schmiere steht, nicht aber, wenn man auf der Rampe in Auschwitz gestanden und dort daran mitgewirkt habe, dass täglich Tausende in den Gaskammern ermordet wurden.

In der Folge dieses Urteils wurden mehr als fünfzig Ermittlungsverfahren eingeleitet. Wie viele davon tatsächlich noch zur Verhandlung kommen, lässt sich schwer einschätzen, denn die Beschuldigten sind alt und oft nicht mehr verhandlungsfähig.

Die Frankfurter Staatsanwaltschaft sah auch 2014 noch keinen Anlass, gegen Oskar Gröning zu ermitteln. Die Beweislage habe sich nicht geändert. Zu einer anderen Auffassung kam die Staatsanwaltschaft in Hannover, die letztlich die Klage gegen Oskar Gröning einleitete. Dort wurde Grönings Tätigkeit in Auschwitz als Beihilfe zum Mord gewertet.

Aus juristischer Sicht gibt es auch noch einen weiteren Aspekt dafür, gegen Menschen selbst im hohen Alter strafrechtlich vorzugehen. Mord wie auch Beihilfe zum Mord verjähren nicht.

Und schließlich die wichtigste Antwort auf die Frage, warum jetzt noch, nachdem die Beschuldigten so alt sind:

Auch die Opfer, die Überlebenden des Holocaust, sind alt. Siebzig Jahre und mehr haben sie darauf gewartet, dass ein deutsches Gericht entscheidet, die Morde von Auschwitz als Verbrechen zu bezeichnen. Als Verbrechen gegen die Familien, die Eltern, die Geschwister, die Verwandten und Freunde, gegen alle, die dort auf grausame Weise ermordet wurden. Um für sich selbst mehr innere Ruhe finden zu können, hatten sie den einen Wunsch: dass endlich Recht gesprochen werde.

Das Urteil gegen Oskar Gröning kam für sie spät, sehr spät, aber nicht zu spät.

Epilog

Die Verteidigung von Oskar Gröning hatte gegen das Urteil des Landgerichts Lüneburg beim Bundesgerichtshof (BGH) Revision eingelegt. Die Anwälte begründeten ihren Schritt damit, Oskar Gröning habe in früheren Prozessen gegen SS-Männer ausgesagt. Ferner wollten sie prüfen lassen, inwiefern sich die Verfahrensverzögerung gegen ihren Mandanten, die mehr als dreißig Jahre zurückliege, strafmildernd auswirke.

Auch ein Vertreter der Nebenklage legte Revision ein. Er vertrat in seiner Begründung die Ansicht, man habe Oskar Gröning nicht wegen Beihilfe zum Mord, sondern wegen Mordes verurteilen müssen.

Der Bundesgerichtshof bestätigte in seinem Beschluss vom 20. September 2016 das Urteil des Landgerichts Lüneburg. In der Begründung wird darauf hingewiesen, dass in Auschwitz ein organisierter Tötungsapparat bestand, der technisch und personell so ausgestattet war, dass in kurzer Zeit eine große Zahl von Menschen ermordet werden konnte. Das Konzentrationslager Auschwitz-Birkenau, so stellte der BGH fest, habe mit seinem Personal, das dort eingesetzt war, neben anderen Konzentrationslagern eindeutig zu diesem Tötungsapparat dazugehört. Nur durch die willigen und gehorsamen Untergebenen seien die SS-Funktionäre überhaupt in der Lage gewesen, die Ungarn-Aktion in so großem Umfang durchzuführen.

Der Angeklagte hatte, so wurde weiter festgestellt, seinen

Anteil an der Tatförderung dadurch, dass er zu diesem Zeitpunkt in Auschwitz Dienst hatte. Er sei in die Organisation der Massentötungen durch seinen Dienstplan eingebunden gewesen. Dies habe der Angeklagte gewusst. Er sei auch schon kurz nach seiner Ankunft in Auschwitz über das Geschehen informiert worden. Trotzdem habe er sich eingefügt und die erteilten Befehle ausgeführt.

Mit dem Beschluss des Bundesgerichtshofes wurde das Urteil gegen Oskar Gröning rechtskräftig.

»Dieses Urteil ist ein Paradigmenwechsel in der Rechtsprechung«, kommentierte ein Vertreter der Nebenklage. Nun könne auch gegen all jene, die in Auschwitz oder in anderen Konzentrationslagern ihren Dienst versahen, weiter ermittelt und, sofern sie aufgrund ihres Alters noch dazu in der Lage seien, ein Verfahren eingeleitet werden.

Nachtrag:
Nachdem ein erstes Gnadengesuch von Oskar Gröning nach der Niedersächsischen Gnadenordnung abgelehnt wurde, stellte er im Februar 2018 ein weiteres Gnadengesuch beim zuständigen Justizministerium. Noch vor der abschließenden Entscheidung verstarb Oskar Gröning am 9. März 2018.

Nachwort

Jedes Mal, wenn ich in Auschwitz bin, egal ob ich mich in den Blocks des Stammlagers mit den Ausstellungen aufhalte, über den ehemaligen Appellplatz gehe, mir die Gaskammer und das Krematorium anschaue oder durch die Weiten von Birkenau laufe, an den Ruinen der einzelnen Lagerabschnitte vorbei, durch das kleine Birkenwäldchen mit dem See, bis hin zu den Ruinen der Gaskammern, merke ich, wie wenig ich von all dem begreife, was hier geschah. Die unvorstellbare Zahl der Menschen, die hier in den Gaskammern oder durch das damals herrschende Prinzip »Vernichtung durch Arbeit« ermordet wurden, droht zu einer statistischen Größe zu werden, hinter der der einzelne Mensch verschwindet. Doch es waren Menschen, Menschen mit Biographien, Menschen, die entweder am Anfang ihres Lebens standen oder schon Jahre an Lebenserfahrung hinter sich hatten. Sie alle wurden hier ermordet. Auschwitz ist der größte Friedhof auf diesem Globus. Doch keiner, auf dem die Menschen nach ihrer Tradition und mit Würde beerdigt wurden, ihre Asche wurde in den See gekippt, in den naheliegenden Fluss Sola oder auf Feldern verstreut.

Nur wenige Menschen haben den Holocaust überlebt. Bei all meinen Aufenthalten in Auschwitz bin ich immer einem dieser Menschen begegnet. Ich habe ihnen zugehört, lange zugehört. Manchmal Monate, manchmal Jahre ihres Lebens hatten sie an diesem unfassbaren Ort verbringen müssen. Irgendwann konnte ich ahnen, was sie durchgemacht hatten. Ihre Lebensgeschichten berührten mich zutiefst. Diese Menschen haben mich nicht mehr losgelassen, sie haben mein eigenes Leben beeinflusst. Gerade durch sie bekam ich einen anderen Blick auf meinen Alltag.

»Wer einmal einem Zeitzeugen zuhört, wird selbst zum Zeitzeugen.« Diesen Satz hat Elie Wiesel, ein Auschwitz-Überlebender, einmal gesagt. Wie recht er mit dem Satz hat, stelle ich immer wieder fest. Das Leid, die Unmenschlichkeit, die den Menschen in Auschwitz widerfahren ist, erzeugt in mir nicht nur ein tiefes Mitgefühl ihnen gegenüber, es hat auch meinen Blick auf die Gegenwart geschärft. Wo werde ich heute Zeuge von Unrecht, von Unterdrückung, von Unmenschlichkeit? Empathie ist es, die ich verstärkt spüre, die es mir ermöglicht, mich nicht resignierend zurückzulehnen, sondern dazu auffordert, mich einzumischen. Es sind verschiedene Bereiche, in denen mir das Unrecht auffällt. Da sind einmal die Menschen, die aus ihren Heimatländern geflohen sind und hier Schutz suchen. Auch sie sind Zeugen ihrer Zeit und Zeugen der Unterdrückung in ihren Ländern. Sie alle haben uns etwas zu sagen und wir sollten ihnen zuhören, bevor wir über sie urteilen. Aber auch Menschen, die sich ausgeschlossen, am Rande der Gesellschaft fühlen, haben Lebensgeschichten, die ernst genommen werden müssen.

Auschwitz lässt mich nicht los. Jedes Mal, wenn ich dort bin, muss ich neu anfangen. Nicht versuchen zu begreifen, was unbegreiflich ist, sondern Fragen zu stellen, um mich dem, was dort geschehen ist, anzunähern.

In der Vergangenheit lag mein Fokus auf den Opfern und ihren Geschichten. Doch wo es Opfer gibt, dort sind auch Täter. In Auschwitz gab es Täter, mehrere tausend. Was waren das für Menschen? Waren es Monster, Teufel in Menschengestalt? Sah man ihnen an, welche Verbrechen sie tagtäglich begingen? Hatten sie überhaupt ein Gespür dafür, dass sie entweder in ein verbrecherisches System eingebunden waren oder dieses System sogar mitgestalteten?

Oskar Gröning war einer dieser Täter, ein kleines Rädchen in dem System Auschwitz, wie er sich selbst beschrieben hat.

Doch auch dieser Mann hatte, als er nach Auschwitz kam, eine Vorgeschichte. Seine Kindheit und Jugend waren geprägt von nationalsozialistischem Gedankengut, sowohl durch die Familie als auch in der Stahlhelmjugend und schließlich in der Hitlerjugend.

Eine seiner Freundinnen war ein gleichaltriges jüdisches Mädchen aus der Nachbarschaft, mit dem er oft spielte.

Hat er sich nie die Frage gestellt, was mit seiner Freundin passiert ist? War sie als Jüdin einfach nur eine Feindin, so wie es ihm eingeredet wurde? Bemerkte er nicht, wie sie zunächst in der Schule ausgegrenzt wurde und später auch am Wohnort? Hatte er das Wegschauen, das er später in Auschwitz fast perfekt praktizierte, schon in seinen Kindertagen gelernt? Welche Qualität hatte seine Freundschaft zu diesem Mädchen? Konnte man sie einfach vernachlässigen, weil sie »nur« eine Jüdin war? Hatte er kein Mitgefühl mit ihr? Fragen, die nicht nur Oskar Gröning, sondern viele Menschen zu jener Zeit hätten umtreiben müssen. Doch Oskar Gröning schwieg und sang: »Wenn das Judenblut vom Messer spritzt…«

Später entschied er sich, in die SS einzutreten. Er wollte mit dabei sein. Es war seine freie Entscheidung. Er hätte für sich auch beschließen können, nicht beizutreten. Worauf war sein Blick und der Blick vieler junger Menschen in jener Zeit gerichtet? Auf die verbreitete Euphorie, etwas Besseres zu sein, Macht zu haben? Doch zu welchem Preis? Hatte Oskar Gröning, hatte ein Großteil der Bevölkerung nur den eigenen Vorteil im Fokus ihres Lebens? Was fehlte ihnen, sich zu widersetzen? Mut? Zivilcourage? Waren das gefragte Tugenden in dieser Zeit?

Hatten die Menschen nicht registriert, dass Arbeitskollegen, Nachbarn, Vereinskameraden, Mitbewohner im Dorf oder der Stadt plötzlich nicht mehr anwesend waren? Hatten sie sich nie gefragt, was mit ihnen geschah? Oder fehlte ihnen dazu der Mut? Oder die Überzeugung?

Oskar Gröning wusste Bescheid. Er kannte Dachau und er kannte das Außenlager in Ellwangen. Hatte er sich damals schon auf den Standpunkt zurückgezogen, dass er dort nur der Buchhalter war? Nur die Gehälter von SS-Männern berechnete und auszahlte? Wie blind waren die Sehenden, die das Leid in den Lagern nicht wahrnahmen? Waren sie so von ihrer Macht überzeugt, dass ihnen jegliche menschliche Regung abhandenkam? Unmenschlichkeit als System, von den NS-Machthabern so gewollt und installiert. Jeder, der auf ihrer Seite war, sollte darin einen Platz bekommen. Die Macht war in der Regel auf das jeweilige Aufgabengebiet begrenzt, aber man gehörte dazu, war ein Teil dieser Macht. Mitgefühl und Menschlichkeit waren in diesem System nicht vorgesehen. Sie wurden durch die Struktur von Befehl und Gehorsam abgeschafft. Bei den Erschießungskommandos hatten die Schützen einfach nur den Befehl zu befolgen, sonst hätten sie nicht geschossen. Befehle wurden auch durch die befolgt, die das Zyklon B in die Gaskammern warfen, ohne Befehle hätten sie das wahrscheinlich nicht getan. Befehle wurden auch durch die befolgt, die auf der Rampe standen, Wachposten waren oder in der Verwaltung saßen. Alle zogen sie sich auf die Befehls- und Gehorsamsstruktur zurück, keiner wollte Verantwortung haben.

Erst spät, am Ende des Prozesses gegen ihn, gestand Oskar Gröning ein, dass Auschwitz ein Ort war, an dem er nicht hätte mitmachen dürfen. Wenn diese Erkenntnis seine feste innere Überzeugung ist, dann hatte der Prozess auch für ihn einen Sinn.

Das Buch zeichnet aber nicht nur Abschnitte aus Oskar Grönings Leben nach, es wirft auch einen Blick auf das Leben der Überlebenden Éva Fahidi. Auch ihre Kindheit, ihre Familie wird in Auszügen vorgestellt. Welch gravierende Unterschiede in diesen beiden Biographien! Auf der einen Seite das der Macht zugewandte Gröningsche Leben, auf der anderen Seite das von Éva Fahidi, die begierig ist, zu lernen, zu erforschen, zu musizieren.

Beide treffen in Auschwitz aufeinander – nicht unbedingt persönlich.

Der eine weiß, was mit den meisten Menschen, die gerade angekommen sind, geschehen wird, der anderen wird gesagt, sie solle in den Rauch schauen, dort sei ihre Familie.

Der eine hat einen Dienstplan, bei dem ein Feierabend vorgesehen ist, an dem Alkohol fließen wird, die andere legt sich irgendwann, wenn es angesagt wird, zusammen mit ihrer Fünferreihe auf eine verlauste Pritsche.

Auch nach dem Krieg verlaufen beide Leben sehr unterschiedlich. Der eine macht beruflich Karriere, die andere trauert jahrzehntelang ihrer ermordeten Familie nach.

Welcher Schluss lässt sich aus all diesen Erkenntnissen ziehen? Der Hirnforscher Gerald Hüther hat das einmal so formuliert:

»Um zu verhindern, dass Menschen jemals wieder so etwas angetan wird, wie es im Holocaust geschehen ist, reicht es nicht, die Erinnerung an das unvorstellbare Leid wachzuhalten. Wir brauchen auch den Mut, uns gegen jede Form von Unmenschlichkeit zu wehren. Und wir brauchen Zuversicht, dass Mitgefühl und Nächstenliebe stärker sind als Macht und Unterdrückung.«

Diesem Gedanken schließe ich mich an.

Reiner Engelmann

Glossar

Aktion Reinhardt Die Aktion Reinhardt ist ein Tarnname, unter dem die systematische Ermordung aller Juden und Roma der von Deutschland besetzten Länder Polen und Ukraine stattfand. Mehr als zwei Millionen Juden und 50000 Roma wurden in der Zeit von Juli 1942 bis Oktober 1943 in verschiedenen Vernichtungslagern ermordet. Zur Durchführung der Aktion Reinhardt beauftragte Heinrich Himmler den Lubliner SS- und Polizeiführer Odilo Globocnik. In Himmlers Augen war dieser Mann »wie kein zweiter für die Kolonisation des Ostens geschaffen«. Der Name »Aktion Reinhardt« wird allgemein zurückgeführt auf den SS-Mann Reinhard Heydrich, allerdings hatte Himmler den Vornamen Heydrichs fälschlich mit »dt« am Ende geschrieben.

Appell Im militärischen Bereich versteht man darunter formierte Versammlungen von Truppenteilen. In Konzentrationslagern während der Zeit des Nationalsozialismus dienten die Appelle zur Überprüfung der Vollständigkeit der Häftlinge sowohl morgens beim Morgenappell als auch abends nach dem Arbeitseinsatz beim Abendappell. Oft wurden die Gefangenen durch lange andauernde Appelle schikaniert. Der längste Appell in Auschwitz dauerte zwanzig Stunden.

Arbeitskommando Häftlinge sind in Konzentrationslagern zu Arbeiten in den unterschiedlichsten Bereichen verpflichtet worden. Dazu wurden sie in Gruppen aufgeteilt, die in der Lagersprache »Arbeitskommando« hießen.

Auschwitz-Lüge Am 27. Januar 1945 wurde das Konzentrationslager Auschwitz befreit. Nach den Vorstellungen der Nationalsozialisten sollten hier und in den anderen Lagern alle jüdischen Bürger Europas sowie Sinti und Roma ermordet werden. Mehr als sechs Millionen Menschen kamen tatsächlich in den Lagern und Ghettos ums Leben. Viele Menschen können die Schuld, die Deutschland damit auf sich geladen hat, nicht ertragen und leugnen oder verharmlosen den Holocaust. Sie behaupten, er habe nie stattgefunden. Bestritten werden die eigens zur Ermordung gebauten Vernichtungslager; die technisch-industrielle Machbarkeit, die Opferzahlen sowie die Echtheit der historischen Dokumente. Die Leugnung des Holocaust ist in Deutschland strafrechtlich verboten, in anderen Ländern, z.B. den USA, darf der Holocaust öffentlich geleugnet werden.

BBC British Broadcasting Corporation ist eine öffentlich-rechtliche Rundfunkanstalt des Vereinten Königreichs. Ihr gehören mehrere Fernseh- und Rundfunkprogramme an sowie ein Internet-Nachrichtendienst.

Blockälteste(r) Der/die Blockälteste war ein Funktionshäftling im Konzentrationslager, der/die Aufsicht über die in einer Baracke lebenden Häftlinge führte. Er/sie war für alles verantwortlich, was den Block betraf, z.B. für die festgelegte Barackenordnung, musste stets die Zahl der Häftlinge prüfen, dafür sorgen, dass die »Betten« vorschriftsmäßig gemacht waren und die Häftlinge rechtzeitig zum Appell antraten. Für die korrekte Durchführung seiner/ihrer Arbeit war er/sie dem SS-Personal gegenüber verantwortlich und wurde bestraft, wenn etwas nicht korrekt lief.

Deportation Auf staatliche Anordnung werden Menschen in andere, meist vorher festgelegte, Gebiete transportiert. Es sind Maßnahmen der zwangsweisen Unterdrückung von politischen Gegnern und der

Isolierung von ethnischen Minderheiten. Mit dem Begriff »Deportation« werden vor allem die Verbrechen der Nationalsozialisten in Verbindung gebracht, die jüdische Einwohner aus Deutschland und den von den Deutschen kontrollierten Gebieten, aber auch Sinti und Roma, in Ghettos oder Konzentrationslager bzw. Vernichtungslager verschleppten.

Deutschnationale Volkspartei Die Partei wurde im November 1918 gegründet und bestand bis Juni 1933. Sie verstand sich als nationalkonservativ, sie war antisemitisch ausgerichtet, hing dem kaiserlich-monarchischen Konservatismus an und enthielt viele völkische Elemente. Nach ihrer Selbstauflösung im Jahr 1933 schlossen sich ihre Reichstagsabgeordneten der NSDAP-Fraktion an.

Effektenlager Die Nazis nannten die geraubten Besitztümer der Häftlinge in den Konzentrationslagern »Effekten«. Diese wurden in Häusern/Räumen gelagert, von Häftlingskommandos sortiert und verpackt. Anschließend wurden sie nach Deutschland geschickt und an die Bevölkerung verteilt als Kleider-, Winter- oder auch Weihnachtsbeihilfe.

Das Effektenlager wurde in der Lagersprache auch »Kanada« genannt. Kanada galt als ein sehr reiches Land und in den Effektenkammern wurden die Reichtümer der Gefangenen gelagert.

Entartete Autoren Im Mai und Juni 1933 wurden in vielen deutschen Städten demonstrativ öffentlich Bücher verbrannt. Es waren Aktionen von Studenten und sie richteten sich »wider den undeutschen Geist«. Die Bücher, die verbrannt werden sollten, waren auf »schwarzen Listen« erfasst, die das Propagandaministerium erstellen ließ. Im Börsenblatt des Deutschen Buchhandels erschien im Mai 1933 eine Liste von 12 bekannten deutschen Autoren, die »für das deutsche Ansehen als schädigend zu erachten« seien. Zu diesen

Autoren gehörten u.a. Erich Kästner, Heinrich Heine, Thomas Mann, Carl von Ossietzky. Die gesamte Liste, die das Ministerium zusammenstellen ließ, war jedoch wesentlich umfangreicher.

Hauptscharführer Höchster Rang der Dienstgradgruppe Unteroffiziere der SS

Kapo Der Ursprung des Begriffs ist unklar, beschönigend wird oft »Kameradschaftspolizei« angenommen. Näher liegt der Begriffsursprung im Italienischen, wo mit »il capo« der Anführer oder das Oberhaupt bezeichnet wird. Kapos waren Funktionshäftlinge in Konzentrationslagern, die als Mitarbeiter der Lagerleitung Häftlinge beaufsichtigen mussten. Die SS wählte für diese Positionen nur Häftlinge aus, die sich durch besondere Brutalität anderen gegenüber auszeichneten. Dafür hatten die Kapos bestimmte Privilegien, wie eine bessere Verpflegung, und wurden selbst auch nicht körperlich gezüchtigt. Durch ihren Gehorsam der SS gegenüber glaubten sie ihr eigenes Überleben im Lager retten zu können. Und für die SS war wichtig, dass Befehle skrupellos durchgesetzt wurden. Kapos waren im Lageralltag an ihrer Armbinde sowie einem Stock oder einer Peitsche zu erkennen, die sie bei sich trugen. Sie führten die Aufsicht über die Arbeitskommandos. Einem Kapo waren meist hundert Häftlinge unterstellt. Kapos, die während ihrer »Arbeit« Häftlinge totschlugen, wurden dafür von der Lagerverwaltung nicht bestraft.

Muselmänner Als Muselmann wurden in der KZ-Lagersprache all jene Häftlinge bezeichnet, die durch Unterernährung bis auf Haut und Knochen abgemagert waren. Ihre Beine waren geschwollen, ihre Bäuche aufgebläht. Ihr Selbsterhaltungstrieb befähigte sie anfangs noch, nach Essbarem wie Kartoffelschalen oder sonstigen Essensresten zu suchen. Von der SS wurden sie für dieses Verhalten als »Untermenschen« bezeichnet. Muselmänner hatten im Lager keine Überlebenschancen. Entweder starben sie an Entkräftung, Hunger oder einer Krankheit, oder sie wurden von SS-Ärzten für den Tod selektiert.

Oberscharführer Niedrigster Rang der Dienstgradgruppe Unteroffiziere, vergleichbar mit einem Feldwebel der Wehrmacht

Pfeilkreuzler Die Mitglieder der Pfeilkreuzler waren Anhänger einer unter verschiedenen Bezeichnungen bestehenden faschistischen und antisemitischen Partei in Ungarn. In vielen politischen Bereichen lehnten sie sich an die Politik der deutschen Nationalsozialisten an. Nachdem Ungarn annektiert wurde, waren die Pfeilkreuzler eine große Unterstützung für die Eichmann-Kommandos. Sie kooperierten mit den Deutschen und betrieben in deren Auftrag die Ghettoisierung und Deportation der ungarischen Juden. Als die Pfeilkreuzler im Oktober 1944 an die Macht kamen, wurden Tausende ungarische Juden, die noch nicht deportiert waren, von marodierenden Schergen der Partei zum Donauufer gescheucht und dort erschossen.

Rasse- und Siedlungshauptamt Als Rasseamt wurde diese Behörde bereits 1931 gegründet; sie war zuständig für Rassenuntersuchungen und Ehegenehmigungen bei Angehörigen der SS. Später wurde es Rasse- und Siedlungsamt genannt; zusammen mit dem Reichskommissariat war es zuständig für die »Festigung deutschen Volkstums« und die Ausarbeitung des »Generalplans Ost«. Die Behörde übernahm die Aufgaben der Rassenselektionen in den besetzten Gebieten.

Rottenführer Höchster Rang der Dienstgradgruppe in den Mannschaften der Schutzstaffel (SS)

Sauna Einstöckiges Backsteingebäude in Auschwitz-Birkenau. Es diente als Desinfektionsanlage bei der Aufnahme von deportierten Menschen, die im Konzentrationslager Auschwitz zur Arbeit verpflichtet wurden. Hier mussten sie zunächst ihre Kleidung ablegen und wurden dann entweder heiß oder kalt geduscht. Die Kopf- und Körperhaare wurden ihnen entfernt. Anschließend bekamen sie ihre Häftlingskleidung und wurden als »Zugang« registriert. Dabei wurden Name, letzter Wohnort, Angehörige sowie der Beruf in einer Karteikarte festgehalten. Ebenso ihre Häftlingsnummer, die sie hier bekamen.

Sicherheitshauptamt Das Reichssicherheitshauptamt (RSHA) wurde im September 1937 von Heinrich Himmler durch den Zusammenschluss von Sicherheitspolizei und Sicherheitsdienst gegründet. Die Führung des RSHA bestand überwiegend aus hochqualifizierten Akademikern sowie Beamten mit polizeilicher Fachausbildung, die allesamt ihre Kenntnisse und Fähigkeiten in den Dienst des Nazi-Regimes stellten. Dazu gehörten die Verhaftung politisch unzuverlässiger Personen und die Bekämpfung aller »deutschfeindlichen Elemente«; später wurden in Polen und der Sowjetunion gezielt Massaker gegen die Kirche, ihre Vertreter und gegen kommunistische Organisationen und Gruppen durchgeführt. Vom RSHA wurden auch Pogrome (gewaltsame Ausschreitungen gegen nationale, religiöse oder ethnische Minderheiten; Beispiel: Pogrome gegen Juden) initiiert und Adolf Eichmann organisierte in dieser Behörde die »Endlösung der Judenfrage«. Die innenpolitische Bedeutung lag auf der Bespitzelung der Bevölkerung.

SS Die beiden Buchstaben stehen als Abkürzung für »Schutzstaffel«. Diese nationalsozialistische Organisation war schon während der Weimarer Republik, besonders aber während der Zeit des Nationalsozialismus die Verbindung, die der NSDAP und auch Adolf Hitler selbst als Herrschafts- und Unterdrückungsinstrument diente. 1925 wurde sie von Adolf Hitler in München als »Leib- und Prügelgarde« gegründet. Die Schutzstaffel (SS) war maßgeblich an der Planung und Durchführung von Kriegsverbrechen sowie Verbrechen gegen die

Menschlichkeit beteiligt – mit Fokus auf dem Holocaust. 1945 wurde die Organisation verboten.

Stahlhelm Die vollständige Bezeichnung lautet »Stahlhelm, Bund der Feldsoldaten«. Dabei handelte es sich um eine Vereinigung von Soldaten zur Zeit der Weimarer Republik. Der Wehrverband wurde 1918 von dem Reserveoffizier Franz Seldte in Magdeburg gegründet. Die Organisation betrachtete sich als den bewaffneten Arm der extrem konservativen Deutschnationalen Volkspartei. Der »Jugendstahlhelm« war die Jugendorganisation des Verbandes.

SS-Unterscharführer Niedrigster Rang der Dienstgradgruppe der Unteroffiziere; hatten die Befehlsgewalt nur über eine kleine Schar (Gruppe) von ca. acht Mann.

United Nations War Crimes Commission Die Organisation wurde im Oktober 1943 in London gegründet und bestand bis Ende März 1948. Die Gründungsmitglieder bestanden aus 17 Staaten, u.a. den USA, Großbritannien, Frankreich, Kanada, Niederlande, Norwegen. Die Kommission hatte folgende Aufgaben: Beweismittelsammlung und Dokumentation von Kriegsverbrechen; Entgegennahme von Anzeigen durch Mitgliedsstaaten bezüglich Kriegsverbrechen; Erstellung und Veröffentlichung von Kriegsverbrecherlisten; Erarbeitung von Verfahrensfragen und Auslieferungsabkommen; Berichterstattung gegenüber den alliierten Regierungen. Nach Kriegsende sicherte die Kommission Beweismittel; es gab Vorwürfe gegen 36 810 Verdächtige, darunter 34 270 Deutsche. Zur Durchsetzung ihrer Aufgaben fehlten der Kommission allerdings die personellen und finanziellen Mittel. Außerdem hatte sie keine Befugnisse, selbst zu handeln. Diese Aufgaben wurden später von den Alliierten (England, Frankreich, Sowjetunion, USA) übernommen, die eine Kommission zur Durchführung der Kriegsverbrecherprozesse einsetzten.

Versailler Friedensvertrag Im Schloss von Versailles wurde 1919 im Rahmen einer Friedenskonferenz der Friedensvertrag geschlossen, mit dem der 1. Weltkrieg völkerrechtlich endete. Neben Deutschland wurde der Vertrag von den USA, England, Frankreich, Italien, Japan und weiteren Ländern unterzeichnet. Wegen seiner hart einschneidenden Bedingungen wurde dieser Vertrag von einem Großteil der Deutschen abgelehnt.

Zentralstelle zur Verfolgung von NS-Verbrechen Ludwigsburg Die Zentralstelle nimmt ihre Aufgabe seit dem 1. Dezember 1958 wahr. Staatsanwaltschaften und Strafgerichte waren für die Ahndung von aktuellen Straftaten in ihren Gerichtsbezirken zuständig. Für Straftaten, die während der NS-Diktatur begangen wurden, fehlte ihnen oft die Zeit, um die umfangreichen Ermittlungen durchzuführen. Um dem bundeseinheitlich gerecht zu werden, richtete man die Zentralstelle ein, die die Ermittlungen durchführte und die Unterlagen an die zuständigen Staatsanwaltschaften für eine Klageerhebung weiterleitete. Durch die Komplexität der Straftaten, wie sie während der Zeit des Nationalsozialismus geschehen sind, waren die Täter in diesen Behörden nur schwer zu erfassen. Dazu kam, dass ein Großteil der Verbrechen außerhalb der Bundesrepublik geschehen war; da hing es dann oft vom Zufall ab, ob ein solches Verbrechen verfolgt wurde. Deswegen wurde auf Beschluss der Justizminister aus Bund und Ländern die Zentralstelle geschaffen, deren Aufgabe es ist, die Vorermittlungen gegen NS-Verbrechen durchzuführen und die Ergebnisse an die zuständigen Staatsanwaltschaften weiterzuleiten.

Namen

Christophersen, Thies; *1918; Ausbildung zum Landwirt. Während der NS-Zeit gehörte er verschiedenen NS-Organisationen an. Im Januar 1944 wurde er als SS-Sonderführer in der Versuchsanstalt für Pflanzenzucht Rajsko nahe dem Konzentrationslager Auschwitz eingesetzt. Dort hatte er die Aufsicht über die Häftlinge. Nach 1945 war er in der CDU, später in der NPD aktiv. In den 70er Jahren gehörte er zu den zentralen Aktivisten in der Neonazi-Szene. Seine Gesinnungsfreunde und auch persönlichen Bekannten waren Erwin Schönborn, Manfred Roeder, Garry Lauck, Michael Kühnen und Ernst Zündel.* Christophersen, Herausgeber der Zeitschrift »Die Bauernschaft«, hetzte dort gegen das Grundgesetz und warb für ein »Viertes Reich«. 1973 veröffentlichte er die Broschüre »Die Auschwitz-Lüge«, die Oskar Gröning entsprechend kommentierte. Christophersen versuchte darin nachzuweisen, dass die Häftlinge in Auschwitz stets gut behandelt wurden, dass sie bei ihrer Arbeit sangen und tanzten. Selbst die Verpflegung sei gut gewesen. Wegen Verbreitung nationalsozialistischer Propaganda wurde er 1976 zu einer Geldstrafe von 1 500,00 DM verurteilt, blieb aber trotzdem aktiv und verbreitete Kennzeichen verfassungsfeindlicher Organisationen. 1986 entging er der strafrechtlichen Verfolgung durch seinen Umzug nach Dänemark, das ihn nicht nach Deutschland auslieferte. Er erwarb sogar die dänische Staatsbürgerschaft.

**Erwin Schönborn, Verleger, Neonazi, Holocaustleugner; Manfred Roeder, Rechtsextremist, Holocaustleugner, Mitglied einer terroristischen Vereinigung; Garry Lauck, amerikanischer Nazi und Holocaustleugner; Michael Kühnen, Anführer der deutschen Neonaziszene in den 80er Jahren; Ernst Zündel, Holocaustleugner*

Demjanjuk, John; *1920 in Kiew; war während des 2. Weltkriegs ukrainischer Soldat der Roten Armee; nach seiner Gefangennahme diente er der deutschen Wehrmacht. Für seine Tätigkeit im Vernichtungslager Sobibor wurde er 2009 in München vor Gericht gestellt und 2011 wegen Beihilfe zum Mord in 28060 Fällen zu fünf Jahren Freiheitsstrafe verurteilt. Das Gericht wertete Demjanjuks Tätigkeit in Sobibor als Teil der Vernichtungsmaschinerie. Mit diesem Urteil wurde der Weg für weitere Prozesse gegen ehemalige SS-Angehörige frei gemacht, die man der Beihilfe zum Mord beschuldigte.

Eichmann, Adolf; *1906; lernte Verkäufer in Wien; Mitglied der NSDAP seit 1932; 1933 Übersiedlung nach Deutschland; 1934 Mitarbeit im Judenreferat des SD-Hauptamtes (SD = Sicherheitsdienst). Nach dem Anschluss Österreichs an Deutschland wurde er Leiter der Zentralstelle für jüdische Auswanderung in Wien, deren primäres Ziel es war, die Menschen auszuplündern und zu vertreiben. Ab 1939 hatte er die gleiche Funktion in Prag; im selben Jahr wurde er auch Geschäftsführer der neu gegründeten Reichszentrale für jüdische Auswanderung in Berlin und 1940 Leiter des sogenannten Judenreferats (Referat IV B 4) im Reichssicherheitshauptamt. 1941 übernahm er die zentrale Leitstelle zur Organisation der Endlösung. Im August 1941 traf er sich mit Höß in Auschwitz, um die Ermordung der Juden durch Gas zu besprechen. Im Dezember 1941 besichtigte er im Vernichtungslager Chelmno die Ermordung von Gefangenen in Gaswagen. Er organisierte die Wannseekonferenz, bei der man die Ermordung der europäischen Juden beschloss. In der Zeit von März bis Ende 1944 war er Führer des Sondereinsatzkommandos in Budapest und organisierte von dort die Deportation der mehr als 440000 ungarischen Juden nach Auschwitz. Im Mai 1945 konnte er zunächst verhaftet werden, ihm gelang aber die Flucht und er arbeitete bis 1950 als Holzarbeiter in der Lüneburger Heide. Als er entdeckt wurde, floh er über den Brenner-Pass nach Italien, wo er mit Hilfe der katholischen Kirche unter falschem Namen nach Argentinien verschwinden konnte. Der Frankfurter Generalstaatsanwalt Fritz Bauer erhielt einen Hinweis auf Eichmanns Aufenthalt, der israelische Geheimdienst entführte ihn und so wurde er in Israel vor Gericht gestellt. Im Dezember 1961 folgte das Todesurteil, die Hinrichtung fand im Januar 1962 statt.

Graf, Otto; *1920; SS-Unterscharführer, arbeitete in der Häftlings-Eigentums-Verwaltung in Auschwitz-Birkenau und hatte dort auch Dienst auf der Rampe. Er schikanierte Häftlinge mit Kommandos und mit Stockschlägen und ermordete Gefangene auch eigenhändig. 1963 wurde er an seinem Wohnsitz in Wien erstmals zu seiner Tätigkeit in Auschwitz vernommen. Er sagte aus: »Ich verweise darauf, dass ich nie in Auschwitz eingesetzt war.« Nach einem Verfahren gegen ihn wurde er im Juni 1972 freigesprochen.

Himmler, Heinrich; *1900; Mitglied der NSDAP; hatte eine große Machtfülle: Er war Reichsführer SS; Chef der deutschen Polizei, Reichskommissar für die Festigung deutschen Volkstums, später Reichsinnenminister und Befehlshaber des Ersatzheers. Er hatte die Kontrolle über die nationalsozialistischen Konzentrationslager, über den Inlandsgeheimdienst sowie über den Aufbau der Waffen-SS. Hitlers Ziel war die Ausrottung der europäischen Juden, Himmler war der Mann, der diese Pläne umsetzte. Die Waffen-SS stand ihm für diese Aufgaben zur Verfügung. Aber auch auf zahlreiche Gauleiter und andere hochrangige Nationalsozialisten konnte er bauen. Nach dem Einmarsch der Wehrmacht in der Sowjetunion erhielt er die Aufgabe, kommunistische Funktionäre und die »jüdisch-bolschewistische Intelligenz« auszuschalten. Innerhalb kurzer Zeit ließ er dort die gesamte jüdische Bevölkerung einschließlich Frauen und Kinder ermorden. Er kümmerte sich persönlich um diese Aufgaben und ließ sich täglich Bericht über deren Fortgang erstatten. Oft war er auch persönlich bei Massenerschießungen dabei. Nach der bedingungslosen Kapitulation floh er am 11. Mai 1945, am 20. Mai wurde er von der britischen Militärpolizei verhaftet und nahm sich am 23. Mai in einem Verhörzimmer mit Hilfe einer Zyankalikapsel, die er ständig in einer Zahnlücke trug, das Leben.

Höß, Rudolf; *1900 in Baden-Baden; Kriegsfreiwilliger im Ersten Weltkrieg, mit 17 Jahren Unteroffizier; ab 1922 Mitglied in der NSDAP; 1924 wegen Fememord (im nationalsozialistischen Gedankengut war das ein Akt der Selbstjustiz – Tötung von Verrätern) zu zehn Jahren Haft verurteilt, 1928 amnestiert, seit 1933 SS-Mitglied, ab 1934 Mitglied der Totenkopf-SS (Teil der Schutzstaffel mit der Hauptaufgabe der Bewachung und Verwaltung der Konzentrationslager; war in der NS-Zeit eine zentrale Institution zur Unterdrückung Andersdenkender). 1941 bekommt er von Himmler den Befehl zum Aufbau des Konzentrationslagers Auschwitz-Birkenau. Ihm wird die Umsetzung der »Endlösung der Judenfrage« anvertraut. Ab dem Jahreswechsel 1941/1942 leitet er die beginnende Ermordung der Juden in den Gaskammern. Von Ende 1943 bis Anfang 1944 wird er vorübergehend an das SS-Wirtschafts- und Verwaltungshauptamt nach Berlin berufen, kehrt aber im Mai 1944 nach Auschwitz zurück, weil er dort die Ermordung von vierhunderttausend ungarischen Juden organisieren soll. Er wohnt mit seiner Frau und seinen Kindern in Sichtweite des Stammlagers Auschwitz. Nach Kriegsende taucht er unter, wird jedoch von der britischen Militärpolizei im März 1946 auf einem Bauernhof in der Nähe von Flensburg festgenommen und im Mai nach Polen ausgeliefert, wo er am 2. April 1947 in Warschau zum Tode verurteilt und zwei Wochen später im Stammlager Auschwitz hingerichtet wird. Bis zum Schluss versteht er nach eigenen Aussagen nicht, weshalb er zur Rechenschaft gezogen wird. Er habe doch nur Befehle ausgeführt.

Hößler, Franz; *1906; gelernter Fotograf, trat 1932 in die NSDAP ein, wurde später Mitglied der SS; 1944 zum Obersturmführer befördert; ab 1933 Wachmann in Dachau. 1940 wurde er nach Auschwitz versetzt und dort zum Kommandoführer Gaskammern. Er hatte regelmäßig Dienst auf der Rampe und sagte zu den Menschen, die bereits vor der Gaskammer standen, Dinge wie: »Halten Sie nach dem Baden alle Lehrbriefe, Diplome, Schulzeugnisse und sonstige Dokumente bereit, damit wir jeden nach seinen Kenntnissen und Fähigkeiten einsetzen können.« Ab September 1942 befehligte er die Leerung der Massengräber und die Verbrennung von mehr als 100000 Leichen, die in den Gaskammern ermordet wurden, und war auch als Schutzhaftlagerführer des Frauenlagers in Birkenau eingesetzt. Gegen Ende des Krieges hielt er sich in Bergen-Belsen auf; ein britisches Militärgericht verurteilte ihn im November 1945 zum Tode, die Hinrichtung fand im Dezember 1954 statt.

Hofmann, Ernst; *1901 in Witkendorf; ab Mai 1941 stellvertretender Leiter des Erkennungsdienstes der Politischen Abteilung im Konzentrationslager Auschwitz. Seine Aufgabe bestand in erster Linie darin, von den neu angekommenen Menschen Passfotos zu machen und ihre Fingerabdrücke zu nehmen.

Krätzer, Theodor; *1914; seit 1934 Mitglied der SS, 1937 Eintritt in die NSDAP, 1942 Obersturmführer; gelernter Bankkaufmann. 1939 wurde er abkommandiert in das Lager Buchenwald, wo er in der Verwaltung arbeitete; ab März 1941 bis 1945 war er als Leiter der Gefangenen-Eigentums-Verwaltung in Auschwitz zuständig für die Verwahrung, Sortierung und Weiterverwendung von Kleidung und Wertsachen der Ermordeten. Im März 1943 wurde ihm das Kriegsverdienstkreuz II. Klasse mit Schwertern verliehen. Beim Frankfurter Auschwitz-Prozess machte er folgende Aussage: »Ich bin gelegentlich selbst auf der Rampe gewesen und habe Obacht gegeben, dass die Effekten ordnungsgemäß verladen werden.« Gegen ihn und weitere 61 Männer der Häftlings-Eigentums-Verwaltung, darunter Oskar Gröning, wurden von der Staatsanwaltschaft Frankfurt 1978 Ermittlungen eingeleitet, die man 1985 ohne Begründung einstellte. Nach 1945 war Krätzer Regierungsinspektor und stellvertretender Abschnittsführer beim Versorgungsamt München II.

Kühnemann, Heinrich; *1919; SS-Unterscharführer, war ab August 1943 in der Gefangenen-Eigentums-Verwaltung tätig, wo er häufig Gefangene aus nichtigen Gründen beschimpfte und prügelte. Der ausgebildete Opernsänger stand nach dem Krieg zunächst in Siegen vor Gericht, wo er bei der Verhandlung in erster Linie über seinen Beruf des Opernsängers redete und darüber, dass er bei den Häftlingen in Auschwitz sehr beliebt gewesen sei; 1991 stand er in Duisburg erneut vor Gericht mit dem Vorwurf, durch seine Arbeit in der Gefangenen-Eigentums-Verwaltung am Massenmord beteiligt gewesen zu sein. Das Verfahren wurde wegen Verhandlungsunfähigkeit eingestellt. Kühnemann starb 1998.

Mengele, Josef; *1911; Humangenetiker und SS-Hauptsturmführer, seit 1937 Mitglied der NSDAP. Er war vom 30.5.1943 bis 18.1.1945 in Auschwitz-Birkenau verantwortlich für die Selektionen, wer in die Gaskammer kam und erforschte an Häftlingen die Wirkung von Genwirkstoffen, wobei er seine Versuchspersonen tötete und sezierte. Bevorzugte Forschungspersonen waren Zwillinge, Kleinwüchsige, Sinti und Roma. Er war verantwortlich für die Tötung von vielen Tausend Menschen. Nach dem Krieg floh über Genua nach Argentinien, 1958 tauchte er in Uruguay auf, heiratete dort die Witwe seines verstorbenen Bruders und starb schließlich am 7.2.1979 in Bertioga/Brasilien. Für all seine Verbrechen wurde er nie zur Rechenschaft gezogen.

Moll, Otto; *1915; Hauptscharführer, ab Mai 1941 in Auschwitz, ab Juni 1942 Blockführer und Kommandoführer der Strafkompanie, danach Chef der Vergasungsanlagen. Im Mai 1944 wurde er Chef des Sonderkommandos der Krematorien, weil ab dieser Zeit die Ungarn-Transporte erwartet wurden. Unter den Häftlingen war er wegen seiner Brutalität gefürchtet. Nach Abschluss der Ungarn-Aktion wurde er im Januar 1945 Leiter des Mordkommandos Erschießungen und Vergasungen in Ravensbrück, ehe er im Februar Lagerführer des Dachau-Außenlagers Kaufering II wurde. Im Dachau-Prozess am 13.12.1945 verurteilte man ihn zum Tode, die Hinrichtung erfolgte am 28. Mai 1946.

Morgen, Konrad; *1909; Mitglied der SS, seit 1944 Sturmbannführer der Waffen-SS. Er war vor dem Krieg Richter am Landgericht Stettin, danach Richter am SS-Gericht München. Als Beamter im Reichskriminalpolizeiamt untersuchte er Korruptionsfälle in Konzentrationslagern, so auch 1943 in Auschwitz. Laut seiner eigenen Aussage im Frankfurter Auschwitz-Prozess war er schockiert über die Zustände in Auschwitz – allerdings nicht über die der Gefangenen, sondern darüber, wie SS-Männer sich an Alkohol und Frauen ergötzten. Seit Herbst 1944 war er SS-Chefrichter in Krakau; nach dem Krieg ließ er sich als Rechtsanwalt in Frankfurt/Main nieder.

Polenz, Walter; *1906; seit 1933 Mitglied in der SS, Hauptsturmführer, ab Dezember 1942 stellvertretender Leiter der Standortverwaltung Auschwitz, ab Juni Leiter der dortigen Standortkasse. 1944 Auszeichnung mit dem Kriegsverdienstkreuz II. Klasse, was bei KZ-Mitarbeitern die Beteiligung an Tötungsprozessen vermuten lässt. Nach dem Krieg tauchte Polenz unerkannt unter.

Schwarzhuber, Johann; *1904; gelernter Buchdrucker, seit März 1933 Mitglied der SS, wenig später Eintritt in die NSDAP; ab 1933 in der Wachmannschaft in Dachau, später Block- und Rapportführer. Von September 1938 bis August 1941 war er Rapportführer in Sachsenhausen; ab September 1941 zunächst als Führer eines Arbeitskommandos in Auschwitz, ab September 1944 Schutzhaftlagerführer im Männerlager in Birkenau; 1942 wurde er mit dem Kriegsverdienstkreuz II. Klasse mit Schwertern ausgezeichnet. Ab Januar 1945 war er dann Schutzhaftlagerführer in Ravensbrück und nach eigenen Aussagen bei der Ermordung von Frauen, die man in eine Gaskammer gezwungen hatte, dabei. Ein britisches Militärgericht verurteilte ihn im Februar 1947 zum Tode, die Hinrichtung fand im Mai 1947 statt.

Walter, Bernhard Über den SS-Hauptscharführer Bernhard Walter liegen nur spärliche Informationen vor. Bekannt ist, dass er aus Fürth in Bayern stammte und Leiter des Erkennungsdienstes in Auschwitz war. Sowohl Wilhelm Brasse – als Häftling der Fotograf von Auschwitz – als auch die anderen Häftlinge, die im Erkennungsdienst mitarbeiten mussten, wurden im Krakauer Auschwitz-Prozess, bei dem Walter angeklagt war, als Zeugen der Verteidigung geladen. Sie sagten aus, dass sie von ihrem Vorgesetzten immer korrekt behandelt wurden. Walter erhielt in Krakau als Strafe drei Jahre Haft. Im Frankfurter Auschwitz-Prozess wurde er als Zeuge vernommen. In diesem Prozess ging es u.a. auch um Fotos, die in einem Band zusammengefasst sind. In diesem »Auschwitz-Album – die Geschichte eines Transports« wird aus der Täter-Perspektive (Bernhard Walter) ein in Auschwitz-Birkenau eingetroffener Transport ungarischer Juden systematisch fotografiert, angefangen von der Selektion an der Rampe bis zum »Wartezimmer des Todes« vor den Gaskammern. Die Fotos wurden im Mai 1944 von Bernhard Walter und seinem Mitarbeiter Ernst Hofmann aufgenommen.

Weise, Gottfried; *1921; SS-Unterscharführer; war in Auschwitz in der Abteilung Gefangenen-Eigentums-Verwaltung tätig und stand in seiner Dienstzeit auch immer auf der Rampe. Wegen seines Büchsenschießens auf Häftlinge bekam er den Beinamen »Tell von Auschwitz«. Nach 1945 war Weise Bauführer in Solingen; 1988 wurde er in Wuppertal wegen seiner Verbrechen in Auschwitz angeklagt und zu lebenslanger Haft verurteilt, blieb aber auf freiem Fuß, weil er gegen das Urteil Revision einlegte, und musste lediglich eine Kaution hinterlegen. Der Revisionsantrag wurde abgelehnt und Weise floh in die Schweiz, wo er unter falschem Namen lebte. Später, nachdem man ihn in der Schweiz enttarnt hatte, bekam er 1997 aus gesundheitlichen Gründen Haftverschonung. Weise starb 2002.

Wunsch, Franz; *1922; SS-Unterscharführer, ab 19. September 1942 in Auschwitz, zuständig für die Effektenkammer, Kommando Kanada. Der als brutaler Judenhasser geltende SS-Mann hatte ein Verhältnis mit einer slowakischen Jüdin; 1971 wurde er in Wien verhaftet und angeklagt, am Massenmord in Auschwitz beteiligt gewesen zu sein. Ferner wurden ihm Gewaltverbrechen gegen jüdische Häftlinge vorgeworfen. Der Prozess endete 1972 mit einem Freispruch.

* * *

Bauer, Fritz Der Name Fritz Bauer gehört nicht auf die Liste derer, die in Auschwitz Verbrechen begangen haben, im Gegenteil. Er war der erste engagierte Staatsanwalt in Frankfurt, der die Ermittlungen gegen 22 Täter, die dort vor Gericht gestellt wurden, leitete. Fritz Bauer wurde 1903 in Stuttgart geboren. 1936 emigrierte er als jüdischer Sozialdemokrat nach Kopenhagen; musste 1940 untertauchen, da ihm die dänischen Behörden nach der deutschen Besetzung die Aufenthaltsbewilligung entzogen. Nach einer mehrmonatigen Internierung floh er im Oktober 1943 nach Schweden. Gemeinsam mit

Willy Brandt und anderen gründete er die Zeitschrift »Sozialistische Tribüne«. 1949 kehrte er nach Deutschland zurück, wurde zunächst Landgerichtsdirektor in Braunschweig und später dort Generalstaatsanwalt beim Oberlandesgericht. Auch außerhalb Deutschlands machte er sich einen Namen durch Gerichtsprozesse, in denen die Widerstandskämpfer vom 20. Juli 1944 rehabilitiert wurden. 1956 wurde er auf Initiative des damaligen hessischen Ministerpräsidenten Zinn Generalstaatsanwalt in Frankfurt. Er setzte 1959 beim Bundesgerichtshof durch, dass für Strafsachen gegen Auschwitz-Täter das Landgericht Frankfurt zuständig wurde. Auf seine Anweisung hin leitete die Staatsanwaltschaft Frankfurt Ermittlungen gegen ehemalige Angehörige und Führer der SS-Wachmannschaften ein, die in einen Prozess gegen 22 Angeklagte mündeten. Mit seinem Namen wird auch die Überführung von Adolf Eichmann nach Israel in Verbindung gebracht. Die Ermittlungsarbeiten von Fritz Bauer wurden von vielen seiner Kollegen mit Argwohn begleitet. Aus dieser Zeit stammt der Satz von ihm: »Wenn ich mein (Dienst-)Zimmer verlasse, betrete ich feindliches Ausland.« Fritz Bauers Arbeit galt dem Aufbau einer demokratischen Justiz in der Bundesrepublik Deutschland und insbesondere der Verfolgung nationalsozialistischen Unrechts. Am 1. Juli 1968 wurde er in der Badewanne seiner Wohnung tot aufgefunden.

Literaturverzeichnis

Die Zitate, die ich im Zusammenhang mit dem Prozess gegen Oskar Gröning verwendet habe, stammen aus folgendem Buch:

Huth, Peter: Die letzten Zeugen – Der Auschwitz-Prozess von Lüneburg 2015; Verlag Reclam, Stuttgart 2015

Hintergrundliteratur:

Czech, Danuta: Kalendarium der Ereignisse im Konzentrationslager Auschwitz-Birkenau 1939–1945; Verlag Rowohlt, 2. Auflage, Hamburg 2008

Fahidi, Éva: Die Seele der Dinge; Lukas Verlag, Berlin 2015

Gerhard, Rüdiger: Der Fall Gottfried Weise – Dokumentation zu einem Auschwitz-Prozess; Thümer-Verlag, Berg am See 1991

Greif, Gideon; Siebers, Peter: Todesfabrik Auschwitz – Topographie und Alltag in einem Konzentrations- und Vernichtungslager; Hermann-Josef Emons Verlag, Köln 2016

Gutmann, Israel; Guttermann, Bella: Das Auschwitz-Album – Die Geschichte eines Transports; Verlag Wallstein, Göttingen 2005

Hördler, Stefan: Ordnung und Inferno – Das KZ-System im letzten Kriegsjahr; Wallstein Verlag, Göttingen 2015

Klee, Ernst: Auschwitz – Täter, Gehilfen, Opfer und was aus ihnen wurde; Verlag S. Fischer, Frankfurt 2013

Rees, Laurence: Auschwitz – Geschichte eines Verbrechens; List-Verlag, 6. Auflage 2015

Spannbauer, Christa; Gonschior, Thomas: Mut zum Leben – Die Botschaft der Überlebenden von Auschwitz; Europa Verlag, Berlin 2014

Vrba, Rudolf: Als Kanada in Auschwitz lag; Piper Verlag, München 1999

Bildnachweis:

akg-images: 24; BILD: 27 (privat); Bundesarchiv Berlin: 69–71 (NS 33/7403, R 9361 III/59400); Lukas Verlag/ Èva Fahidi: 118, 127, 128; Museum Auschwitz: 48 (Archiv Auschwitz Negativ Nr. 277–278); 60 (Archiv Auschwitz); **Yad Vashem:** 36 (Archiv Signatur: 4522, Albumnr.: FA268/9); 37 (Archiv Signatur: 4522, Albumnr.: FA268/6); 57 (Archiv Signatur: 4522, Albumnr.: FA268/176); 63 (Archiv Signatur: 4522, Albumnr.: FA268/182); 83 (Archiv Signatur: 4522, Albumnr.: 13CO4); 132 (Archiv Signatur: 4522, Albumnr.: FA268/158); 168 o. (Archiv Signatur: 4522, Albumnr.: FA268/33); 168 u. (Archiv Signatur: 4522, Albumnr.: FA268/76); 169 (Archiv Signatur: 4522, Albumnr.: FA268/132); 170 (Archiv Signatur: 4522, Albumnr.: FA268/30)

Kapitel 1

31. August 1940

Irgendwann am späten Nachmittag hielt der Zug an. Wie lange war er unterwegs? Drei Stunden? Oder vier? Für Wilhelm Brasse war die Zeit nicht messbar. Die Dauer der Fahrt – für ihn unerträglich lang. Weder er noch einer der anderen wäre freiwillig in diesen Zug gestiegen. Es waren Viehwaggons, in die sie eingepfercht waren. Viehwaggons, wie man sie üblicherweise für solche Transporte wie an diesem Nachmittag benutzte.

Mehr als achtzig Männer drängten sich dicht an dicht in jedem der Waggons. Mehr als achtzig Männer ganz unterschiedlichen Alters.

Es war ein heißer Spätsommertag. Die Luft in den überfüllten und von außen verriegelten Waggons war stickig, Schweißgeruch breitete sich aus und schon bald der Gestank von Urin und Kot, weil es für die Insassen keinen Ort gab, an dem sie sich hätten entleeren können. Es gab überhaupt keine Möglichkeit, sich auch nur von seinem Platz zu entfernen. Eingekeilt standen sie da, einige sackten vor Erschöpfung in die Knie, mussten sich aber schnell wieder aufrappeln oder wurden von den Umstehenden gehalten, um nicht erdrückt und totgetreten zu werden. Keiner war imstande, sich zu bewegen oder seine einmal eingenommene Stellung zu verändern.

Mehr noch als der Hunger, dem sie ausgesetzt waren, aber mit dem sie schon umzugehen wussten nach all den Monaten kärglicher Verpflegung im Gefängnis, war es der Durst, der ihnen zusetzte, der sie quälte, der sie auszehrte und viele im Laufe der Fahrt ohnmächtig werden ließ. Einmal hatten sie gehofft, Wasser zu bekommen. Der Zug wurde langsamer. Wie lange waren sie da unterwegs? In dieser Enge und bei dieser Hitze lange genug, um nur noch den Gedanken an Wasser im Kopf zu haben.

Diejenigen, die an den Außenwänden standen, versuchten durch die schmalen Schlitze zu erkennen, wo sie sich befanden. Einige glaubten, es könne sich um den Bahnhof von Krakau handeln. Sicher war sich niemand. Es waren Vermutungen, zusammengesetzt aus dem Wenigen, was durch die Schlitze zu sehen war.

Aber der Zug hielt an. Sie schöpften Hoffnung, nahmen noch einmal all ihre Kraft zusammen, klopften an die Wände, und riefen, so laut es ihre trockenen Kehlen zuließen, nach Wasser. Sie mussten doch zu hören sein. Ihre Not musste doch irgendjemand da draußen wahrnehmen!

Es war jedoch nur ein kurzer Aufenthalt, und ihr Rufen, ihr Flehen nach Wasser wurden übertönt von Hundegebell und dem Gebrüll von Aufsehern, die weitere Häftlinge vor sich her und in Richtung Zug trieben, um sie auch noch in einen der Waggons zu verfrachten.

Zu der Hitze und dem immer unerträglicher werdenden Durst gesellte sich nun die Angst. Wohin würde man sie bringen? Was würde mit ihnen geschehen? Würde man sie verlegen, irgendwohin in ein größeres Gefängnis? Sie waren ja schließlich alle Häftlinge, die die letzten Wochen und Monate im Gefängnis von Tarnów oder in dem von Sanok verbracht hatten. Sie waren mehr als vierhundert Männer: politische Gefangene, Juden, Geistliche. Ältere und junge Männer, Familienväter, Söhne. Männer, die leben wollten und sich eine Zukunft wünschten! Jetzt, in dieser Enge des Zuges, in der sie kaum atmen konnten, bestand ihr Leben nur noch aus Gegenwart.

Einer von ihnen war Wilhelm Brasse. Gerade mal zweiundzwanzig Jahre alt. Fotograf hatte er gelernt und diesen Beruf in Katowice im Fotostudio seines Onkels gerne ausgeübt. Er hatte Geld verdient, traf sich in der Freizeit mit Freunden, lud junge Frauen zum Tanzen oder ins Kino ein. Er genoss das Leben, sah aber auch schon erste dunkle Wolken am Horizont aufziehen. Und das nicht erst seit dem Sommer 1939.

Was würde jetzt mit ihm geschehen?

Würde man ihn vor ein Gericht stellen? Das konnte er mit großer Sicherheit ausschließen. Zu oft hatte er in den vergangenen Monaten mitbekommen, dass Häftlinge wahllos aus den Zellen geholt und erschossen wurden. Wilhelm Brasse erinnerte sich an ihre Gesichter, an die Angst, die darin abzulesen war. Aber jetzt wollte er nicht daran denken, nicht in dieser Situation, nicht in dieser Ungewissheit.

Würde man sie in ein Lager bringen? Lager, von denen die Häftlinge gehört hatten, über die aber niemand etwas Genaues wusste. Oder das Gehörte niemand glauben wollte, weil es so unvorstellbar war, dass es einfach nicht wahr sein konnte.

Wilhelm Brasse hatte das Gefühl, dass der Zug in Richtung Westen fuhr. Irgendwann sah er an einem Bahnhof das Schild »Auschwitz«.

Der Zug fuhr auf ein Nebengleis. Die Türen der Waggons wurden aufgerissen. Rechts sah Brasse zwei große Gebäude, eines davon mit Stacheldraht umgeben. An den Ecken waren Wachtürme. Und auf jedem der Wachtürme standen zwei SS-Männer mit Maschinengewehren. Dahinter das Gebäude des polnischen Tabakmonopols von Oświęcim. Diese ersten Bilder prägten sich Wilhelm Brasse ein.

Hier endete die Fahrt. Einige Hundert Meter weiter befand sich das Konzentrationslager. Das Stammlager Auschwitz.

An ihrer Sprache erkannte Brasse, dass die Aufseher Deutsche waren. Deutsche Kapos*. Hier sah er sie zum ersten Mal. Menschen in Häftlingsanzügen. Aber sie verhielten sich nicht wie die Häftlinge, mit denen er in den letzten Monaten seine Zelle teilte. In ihrem Verhalten sah er keinerlei menschliche Züge mehr. Das merkte er schon in den ersten Minuten, als man sie aus den Waggons trieb.

»Los, beeilt euch, ihr dreckigen Schweine« oder »Macht schneller, ihr polnischen Schweine! Los! Los! Los!« Mit solchen und ähnlichen Befehlen wurden die Gefangenen von den Kapos aus den Waggons getrieben. Und dazu wurden sie mit Holzknüppeln geschlagen. Ohne Rücksicht krachten sie auf die Köpfe und Rücken und in die Beine der Häftlinge.

»Warum?«

Mit diesem Wort begannen, seit seiner Ankunft in Auschwitz, fast alle Fragen von Wilhelm Brasse.

»Warum werden Menschen hier so gedemütigt?«

»Warum werden sie geschlagen?«

»Warum greift niemand ein?«

»Warum macht man uns hier zu Opfern?«

»Warum haben die Täter offenbar vergessen, dass sie Menschen sind? Aber sind sie es noch? So, wie sie sich verhalten?«

Wilhelm Brasse konnte nicht begreifen, was mit ihm und vor seinen Augen mit den anderen Häftlingen geschah. War dies das Unglaubliche, worüber in Andeutungen geredet wurde, was aber niemand wahrhaben wollte? Hier war es offenbar zur Realität geworden und er, Wilhelm Brasse, war mittendrin.

Wie Vieh wurden sie durch die Straßen in das nahe gelegene Lager getrieben, das Gebrüll und die Schläge begleiteten sie Schritt für Schritt. Über dem Lagertor, durch das sie durch mussten, sah Wilhelm Brasse zum ersten Mal den Schriftzug »Arbeit macht frei«.

Der Weg führte sie über die noch unbefestigte Lagerstraße zum Block 26. Hier befanden sich die Duschräume. Alle neu angekommenen Häftlinge mussten ihre Zivilkleidung, ihre Wäsche, ihre mitgeführten Wertgegenstände, ihre Ausweise und alle Dinge, die sie bei sich trugen, abgeben. Sie durften nur ein Taschentuch und einen Hosengürtel behalten. Die

Eingangstor zum Stammlager Auschwitz, durch das morgens die Häftlinge zu ihren jeweiligen Arbeitseinsätzen geführt wurden. Rechts vor dem Ausgang musste das Lagerorchester Marschmusik spielen und die Gefangenen sollten im Gleichschritt marschieren.

abgelieferten Sachen wurden in die Effektenkammer* geschafft, ohne dass die Häftlinge einen Beleg dafür bekamen. »Kanada« wurde dieser Block genannt, wie Wilhelm Brasse im Laufe seiner Haftzeit erfuhr.

Er hatte, wie auch die anderen Häftlinge, die mit diesem Transport am 31. August 1940 kamen, nur die Sachen dabei, die er am Leib trug. Mehr nicht.

Nach dem Duschen bekam er seine Lagerkleidung. Einen Häftlingsanzug, Unterwäsche, eine Mütze, ein paar Holzpantinen, in denen zu laufen er sich erst gewöhnen musste.